Tanja Grandits

Aroma pur Meine fröhliche Weltküche

Tanja Grandits

Aroma pur Meine fröhliche Weltküche

Fotografiert
von Michael Wissing

AT Verlag

Sämtliche Rezepte sind, je nach Menügrösse,
für 4–6 Personen berechnet

AT Verlag, Baden und München
Fotos: Michael Wissing
Lithos: Vogt-Schild Druck, Derendingen
Druck und Bindearbeiten: AZ Druck und Datentechnik, Kempten
Printed in Germany

ISBN 978-3-03800-324-3

www.at-verlag.ch

Inhalt

7 Basilikum

21 Pfefferminze

33 Chili

47 Lavendel

59 Rosen

73 Ingwer

85 Limetten

98 Koriander

113 Zitronengras

127 Kreuzkümmel

139 Wasabi

153 Safran

165 Zimt

179 Vanille

191 Honig

205 Rezeptverzeichnis

Basilikum

Basilikum ist für mich der Inbegriff von Sommer, Sonne und Wärme. Im Jahrtausendsommer 2003 wucherten auf meiner Terrasse zwanzig verschiedene Sorten Basilikum zu riesigen Büschen – welch ein Paradies für mich!

Die Pflanze ist hauptsächlich in Indien, Asien und in den Mittelmeerländern verbreitet und hat dort auch in der Küche eine lange Tradition. Das nach seiner griechischen Bezeichnung »königliche« Kraut ist übrigens kulturgeschichtlich interessant: In Indien gilt es als heilig und wurde rituell benutzt, und auch am Grab Jesu soll nach der Überlieferung ein Basilikumbusch gestanden haben.

Es gibt von der Pflanze über hundert Sorten mit Aromen, die von süss über nelkenartig bis zu beissend scharf reichen. Bei uns sind der gewöhnliche Mittelmeerbasilikum, griechischer, Zitronen- und Thaibasilikum am bekanntesten. Die meisten Basilikumarten sind einjährig und brauchen viel Wärme und Sonne, um zu gedeihen; heute werden jedoch zunehmend auch mehrjährige, afrikanische und asiatische Arten angeboten.

Am besten schmeckt Basilikum frisch geerntet. Die Blätter sollten nicht gehackt, sondern mit einem scharfen Messer in Streifen geschnitten werden. Beim Hacken werden die Fasern der Blätter zu sehr gequetscht, und es geht zu viel des kostbaren Pflanzensaftes verloren. Wenn Basilikum mitgekocht wird, sollte er erst am Ende der Kochzeit hinzugefügt werden, damit er seine schöne grüne Farbe und sein unvergleichliches Aroma behält.

Wozu passt Basilikum am besten? Zu Tomaten – natürlich – ebenso wie zu allen anderen Sommergemüsen. Aber auch zu Käse, Zitrusfrüchten, Fisch und Krustentieren. Und selbst Desserts kann er eine sehr interessante Note geben, wie das Beispiel des Erdbeer-Basilikum-Parfaits mit süssem Pesto auf Seite 18 zeigt.

Basilikumöl

100 g Basilikumblätter
200 ml Olivenöl

Die Basilikumblätter in kochendem Wasser 10 Sekunden blanchieren. Abgiessen, in Eiswasser abschrecken und gut ausdrücken. Die Basilikumblätter mit dem Olivenöl im Mixer fein pürieren. Über Nacht im Kühlschrank durchziehen lassen.

Am nächsten Tag das Öl durch einen Kaffeefilter passieren. Gut verschlossen im Kühlschrank aufbewahren.

Das Öl eignet sich gut für Salate und Gemüse, über Suppen, gegrillten Fisch und gegrilltes Fleisch geträufelt sowie zur Verzierung von Tellern.

Basilikum-Gorgonzola-Knödel mit Datteltomatenkompott und Olivenmarmelade

500 g Kartoffeln (Agria oder Bintje)
2 EL Basilikumöl (siehe Seite 8) oder Olivenöl
2 Eigelb
70 g Parmesan, frisch gerieben
200 g Mehl
2 Handvoll Basilikumblätter, blanchiert und in Eiswasser abgeschreckt
200 g Gorgonzola, in Würfel geschnitten
einige frische Basilikumblätter, in Streifen geschnitten

Tomatenkompott

400 g Datteltomaten (ersatzweise Cherrytomaten), halbiert
Salz und Pfeffer aus der Mühle
1 EL brauner Zucker
4 EL Olivenöl
1 Knoblauchzehe, fein gewürfelt
200 ml Tomatensaft
1 EL Zitronensaft

Olivenmarmelade

500 g schwarze Oliven, entsteint
200 g Gelierzucker
2 Knoblauchzehen, gerieben oder sehr fein gehackt
1 unbehandelte Limette, abgeriebene Schale und Saft
200 ml Weisswein
½ TL Paprikapulver
Salz und Pfeffer aus der Mühle

Für die Knödel die Kartoffeln schälen, würfeln und in Salzwasser weich kochen. Abgiessen, kurz auf der Herdplatte abdampfen lassen und dann passieren. Das Basilikum- oder Olivenöl, die Eigelbe und den Parmesan daruntermischen. Das Mehl einarbeiten und glattkneten (nicht zu lang kneten). Den Teig zu Rollen von etwa 4 cm Durchmesser formen und diese in 2 cm breite Stücke schneiden.

Die Basilikumblätter trockentupfen und die Gorgonzolawürfel darin einwickeln. In jedes Teigstück ein Loch drücken, einen Gorgonzolawürfel hineingeben und den Teig zu Knödeln formen. Die Knödel in kochendem Salzwasser garen, bis sie an der Oberfläche schwimmen, dann noch etwa 2 Minuten ziehen lassen.

Für das Kompott die Tomaten in eine feuerfeste Form legen. Mit Salz, Pfeffer und Zucker würzen. Das Olivenöl mit Knoblauch, Tomatensaft und Zitronensaft verrühren und über die Tomaten giessen. Bei 200 Grad 15–20 Minuten schmoren.

Für die Marmelade alle Zutaten in einen Topf geben und 15 Minuten köcheln lassen. Mixen und heiss in Gläser abfüllen. Sie hält sich im Kühlschrank mehrere Wochen.

Das Tomatenkompott auf den Tellern verteilen und die Knödel daraufsetzen. Eine Nocke Olivenmarmelade dazusetzen und mit Basilikumstreifen und nach Belieben etwas Basilikumöl verzieren.

Tipp

Falls Sie die Knödel vorbereiten wollen, können Sie diese in kochendem Salzwasser kurz blanchieren, dann in Eiswasser abschrecken. Anschliessend braucht man sie kurz vor dem Servieren nur noch in etwas Olivenöl anzubraten und im vorgeheizten Ofen bei 180 Grad 5 Minuten zu erwärmen.

Mit Thaibasilikum im Einmachglas pochierte Riesencrevetten mit Zitruslabne

16 Riesencrevetten
2 Fenchelknollen, halbiert und in feine Scheiben geschnitten
1 Bund Thaibasilikum, Blättchen abgezupft
1 Knoblauchzehe, fein gewürfelt
je 1 unbehandelte Zitrone und 1 Orange, Schale dünn abgeschält und in feine Streifen geschnitten
100 ml Pastis
400 ml Wasser
2 TL Anissamen
Meersalz

Labne

300 g Joghurt nature
je 1 unbehandelte Zitrone, Limette und Orange, abgeriebene Schale
Saft der Limette
1 Knoblauchzehe, gerieben oder sehr fein gehackt
50 ml Olivenöl
Salz, Zucker, Kurkuma

Für die Labne den Joghurt in einem Tuch über Nacht im Kühlschrank abtropfen lassen. Mit den restlichen Zutaten mischen und abschmecken.

Die Crevetten mit Fenchel, Basilikum, Knoblauch und den Zitrusschalen vermischen und in 4 Einmachgläser von je etwa ¼ Liter Inhalt füllen. 4 Stunden im Kühlschrank marinieren.

In einem Topf, in dem die 4 Einmachgläser Platz haben, etwa 10 cm hoch Wasser füllen und zum Kochen bringen.

Inzwischen in einem zweiten, kleineren Topf den Pastis mit den 400 ml Wasser und den Anissamen aufkochen und die Mischung in die Einmachgläser füllen. Etwas Meersalz darüberstreuen, die Gläser verschliessen und zum Pochieren sofort ins kochende Wasser stellen. Nach 5 Minuten die Gläser herausnehmen und weitere 3 Minuten ruhen lassen. Die Riesencrevetten im geschlossenen Glas zusammen mit der Zitruslabne servieren.

Basilikum-Kokossuppe mit Maispoularden-Wantans und Kokosrelish

Suppe

2 EL Sonnenblumenöl
2 Schalotten, fein gewürfelt
1 Knoblauchzehe, gewürfelt
2 EL Ingwer, gewürfelt
4 Kaffirlimettenblätter
1 TL grüne Currypaste (siehe Seite 100)
2 EL Kokosflocken
3 EL Thai-Fischsauce
500 ml Geflügelfond
500 ml Kokosmilch
1 grosses Bund Basilikum
1 TL brauner Zucker
1 Limette, Saft

Wantans

2 Maispoulardenbrüste, ohne Haut und Knochen, gewürfelt
1 EL Sherry
1 Frühlingszwiebel, fein gewürfelt
1 EL Basilikum, fein geschnitten
½ TL Sesamöl
1 Ei
2 EL Sojasauce
1 EL Ingwer, sehr fein gewürfelt
12 Wantan-Teigblätter (aus dem Asienladen)
1 Eiweiss zum Bestreichen

Relish

50 g Kokosflocken
½ Knoblauchzehe, fein gewürfelt
1 EL Ingwer, fein gewürfelt
100 ml Kokosmilch
Saft von 1 Limette
1 EL Thai-Fischsauce
1 TL brauner Zucker
2 EL fein geschnittene Basilikumblätter

einige Basilikumblätter
1 Handvoll Sojasprossen
1 Frühlingszwiebel, in Streifen geschnitten

Für die Suppe das Öl in einem Topf erhitzen, Schalotten, Knoblauch, Ingwer, Limettenblätter, Currypaste und Kokosflocken darin andünsten. Fischsauce, Geflügelfond und Kokosmilch dazugeben, aufkochen und 15 Minuten köcheln lassen. Die abgezupften Basilikumblätter dazugeben und die Suppe vom Herd nehmen. 2 Minuten ziehen lassen. Dann mixen und durch ein feines Sieb passieren. Mit Zucker, Limettensaft und eventuell etwas Fischsauce abschmecken.

Für die Wantans sämtliche Zutaten bis und mit Ingwer mixen. Die Wantanblätter mit dem verquirlten Eiweiss bestreichen, jeweils etwas Füllung daraufgeben und die Teigblätter zu kleinen Säckchen verschliessen.

Für das Relish die Kokosflocken in einer Pfanne ohne Fettzugabe hell rösten. Alle übrigen Zutaten mixen und in eine Schüssel geben. Die Kokosflocken daruntermischen und alles 10 Minuten ziehen lassen.

Kurz vor dem Servieren die Wantans in der köchelnden Suppe 3 Minuten gar ziehen lassen.

Das Relish zusammen mit den Basilikumblättern, den Sojasprossen und den Frühlingszwiebelstreifen über die angerichtete Suppe verteilen.

Erdbeer-Basilikum-Parfait mit Pistazienpesto

Parfait
5 Eiweiss
300 g Zucker
500 g Erdbeeren, püriert
1 l Rahm
4 EL fein geschnittene Basilikumblätter

Pesto
2 EL (20 g) Pistazien
50 g Basilikumblätter
10 g Pfefferminzblätter
2 EL (30 g) Honig
50 ml Olivenöl
1 Prise Salz
1 TL geriebener Parmesan

Eiweiss und Zucker über dem Wasserbad zu einer sehr steifen Masse aufschlagen. Dann vom Wasserbad nehmen und unter ständigem Schlagen die Masse vollständig erkalten lassen.

Den Eischnee gut unter das Erdbeerpüree mischen. Den Rahm steif schlagen und zusammen mit den Basilikumstreifen darunterziehen. Die Masse in kleine Förmchen füllen und mindestens 8 Stunden gefrieren lassen.

Das Parfait einige Minuten vor dem Servieren aus dem Gefrierer nehmen.

Für den Pesto die Pistazien im Cutter zerkleinern. Die Basilikum- und die Pfefferminzblätter sowie Honig und Olivenöl dazugeben und fein mixen. Mit einer Prise Salz abschmecken und zuletzt den Parmesan von Hand einrühren.

Die Förmchen mit dem Parfait kurz unter heisses Wasser halten und das Parfait auf Teller stürzen. Mit dem Pesto und nach Belieben mit Erdbeermark und je einer Erdbeere garnieren.

Pfefferminze

Früher war Minze für mich einfach Minze. Durch einen befreundeten Gärtner habe ich inzwischen unzählige Pfefferminzsorten kennen gelernt und bin diesem frischwürzigen Aroma seither verfallen. Klar, dass in unserem Garten auch Sorten wie Schokoladenminze oder gar Traumapfelminze gedeihen.

Ein aus frischer Minze aufgebrühter Tee weckt in mir ein tiefes Gefühl von Harmonie und Wohlsein. Den besten Pfefferminztee habe ich einst in Paris nach einem stundenlangen Spaziergang im Regen getrunken, und zwar – wie könnte es anders sein – in einem marokkanischen Café. Diese Verbindung mit dem Orient, seiner Küche und Kultur, fasziniert mich an der Minze besonders.

Der frische, »saubere« Geschmack wirkt in Salaten, wie zum Beispiel einem Taboulé, oder in Joghurtgerichten kühlend und erfrischend. Er passt für mich vor allem zu Gemüse, Obst und Milchprodukten.

Minze sollte immer frisch verwendet werden. Beim Trocknen verliert sie deutlich an Intensität und Aroma.

Marokkanischer Minzsirup

30 Zweige Pfefferminze (vorzugsweise marokkanische Nadelminze)
Zesten von ½ unbehandelten Zitrone
½ l Wasser
500 g Zucker
1 Zimtstange
8 Pimentkörner
½ TL Korianderkörner

Die Minze waschen und auf einem Tuch trockenschütteln. Etwa 3 Zweige beiseitelegen. Von den übrigen die Blätter abzupfen und mit den Zitronenzesten in eine Schüssel geben. Mit dem kochenden Wasser übergiessen. Die Schüssel mit Frischhaltefolie abdecken. Im Kühlschrank über Nacht ziehen lassen.

Am nächsten Tag die Flüssigkeit durch ein feines Sieb abgiessen. Mit dem Zucker aufkochen und 10 Minuten köcheln lassen.

Die restlichen Zutaten zusammen mit den beiseite gelegten Pfefferminzzweigen in eine Bügelflasche geben und mit dem heissen Sirup übergiessen. Die Flasche verschliessen und an einem kühlen Ort aufbewahren.

Der Sirup eignet sich gut zum Marinieren von Früchten, für Couscous, zum Abschmecken von Saucen sowie mit Wasser, Tee oder Champagner aufgegossen als Getränk.

Jakobsmuschel-Tataki mit Spargel-Minz-Salat und Kokos-Chutney

10 grosse Jakobsmuscheln
Salz und Pfeffer aus der Mühle
1 EL Olivenöl
2 EL Thai-Fischsauce
3 EL süsse Chilisauce (siehe Seite 34)
2 EL Sonnenblumenöl
½ grüne Chili, fein gewürfelt
2 EL frische Kokosnuss, fein gewürfelt
(ersatzweise Kokosraspel)

Spargel-Minz-Salat
500 g grüner Spargel
1 grosse Handvoll Pfefferminzblätter
150 ml Sonnenblumenöl
50 ml Olivenöl
75 ml Zitronensaft
2 TL Zucker
½ TL Salz
Pfeffer aus der Mühle

Kokos-Chutney
1 Bund Koriander, Blätter abgezupft
1 Knoblauchzehe, geschält
2 cm Ingwer, geschält und gehackt
1 grüne Chili, entkernt, gehackt
Saft von 2 Zitronen
100 g Kokosflocken
2 TL Zucker
1 TL Thai-Fischsauce

Zunächst das Kokos-Chutney zubereiten: Koriander, Knoblauch, Ingwer und Chili mit dem Zitronensaft mixen. In eine Schüssel füllen und mit den Kokosflocken und dem Zucker verrühren. Mit der Fischsauce würzen.

Für den Salat die Spargelstangen frisch anschneiden und im unteren Drittel schälen. In Salzwasser bissfest garen. Dann herausheben, in Eiswasser abschrecken und schräg in feine Scheiben schneiden.

Für das Dressing die Minze mit dem Sonnenblumenöl und dem Olivenöl mixen. Dann die restlichen Zutaten darunterrühren und abschmecken. Den Spargel mit dem Dressing mischen.

Die Jakobsmuscheln mit Salz und Pfeffer würzen und im heissen Öl rundherum ganz kurz anbraten. Jede Muschel in 4 dünne Scheiben schneiden.

Alle übrigen Zutaten zu einer Marinade verrühren und über die Muschelscheiben verteilen. Den Spargelsalat und das Kokos-Chutney dazu anrichten.

Frische Frühlingsrollen mit zuckergepökeltem Rindfleisch, Minze und Gurken-Erdnuss-Dip

500 g Rindsfilet
40 g Szechuanpfeffer, zerstossen
40 g schwarzer Pfeffer, zerstossen
2 EL Pfefferminze, fein geschnitten
150 g Zucker
250 g grobes Himalayasalz
3 EL Cognac

50 g Glasnudeln
2 Karotten, geschält
2 Frühlingszwiebeln
100 g Sojasprossen
1 EL Olivenöl
1 EL Thai-Fischsauce
20 runde Scheiben Reispapier
1 Bund Pfefferminze, Blätter abgezupft
½ Bund Koriander, Blätter abgezupft
1 Eisberg-oder Romanasalat
1 unbehandelte Limette, abgeriebene Schale

Gurken-Erdnuss-Dip

150 ml Sherryessig
90 g Zucker
1 TL Salz
1 Gurke, geschält, entkernt, fein gewürfelt
1 rote Chili, entkernt, fein gewürfelt
2 Frühlingszwiebeln, fein gewürfelt
1 Knoblauchzehe, gerieben oder sehr fein gehackt
4 EL ungesalzene, geröstete Erdnüsse, gehackt
1 EL Pfefferminzblätter, fein geschnitten
1 EL Korianderblätter, fein geschnitten
Thai-Fischsauce

Für das Rindsfilet die beiden Pfeffersorten und die Minze mischen, das Filet darin wälzen, bis es rundherum damit bedeckt ist. Zucker, Salz und Cognac mischen und das Rindsfilet vollständig in die Masse einhüllen. Zudecken und 48 Stunden im Kühlschrank marinieren, dabei alle 12 Stunden wenden. Das Rindsfilet aus der Marinade nehmen, kalt abwaschen, gut abtrocknen und in feine Streifen schneiden.

Die Glasnudeln in kochendes Salzwasser geben, kurz aufkochen und 5 Minuten ziehen lassen. Abgiessen, kalt abspülen und mit einer Schere grob schneiden. Karotten und Frühlingszwiebeln in feine Streifen schneiden bzw. hobeln und im heissen Olivenöl ganz kurz andünsten. Mit der Fischsauce würzen und anschliessend mit den Glasnudeln, den Sojasprossen, der Limettenschale und dem Rindfleisch mischen.

Die Reispapierblätter einzeln 1–2 Minuten in kaltem Wasser einweichen, bis sie transparent und weich werden. Auf ein Küchenpapier legen. Auf jedes Blatt zuerst Kräuter, dann Salatblätter und zum Schluss etwas Nudelmischung geben. Die Blätter etwa bis zu einem Drittel aufrollen, dann die Seiten einschlagen und fertig aufrollen.

Für den Dip den Sherryessig mit Zucker und Salz aufkochen und bei niedriger Temperatur 10 Minuten köcheln lassen. Abkühlen lassen und mit den restlichen Zutaten mischen. Mit Fischsauce abschmecken. Zu den Frühlingsrollen servieren.

Tipp

Das zuckergepökelte Rindfleisch schmeckt salamiähnlich und mundet auch »solo« ausgezeichnet. Es hält sich im Kühlschrank etwa 2 Wochen.

Kalte Avocado-Minz-Suppe mit Avocado- und Pulpo-Tempura

Avocado-Minz-Suppe

2 reife Avocados
2 Bund Pfefferminze, Blätter abgezupft
2 Frühlingszwiebeln, gewürfelt
1 Knoblauchzehe, gerieben oder sehr fein gehackt
½ TL entkernte, fein gewürfelte grüne Chili
100 g Quark
4 EL Limettensaft
2 EL Minzsirup (siehe Seite 22)
600 ml Gemüsefond

Avocado- und Pulpo-Tempura

1 Avocado
200 g Pulpo, gegart (siehe Seite 130)
1 EL Zitronensaft
Salz und Pfeffer aus der Mühle
100 g Mehl
1 Eigelb
200 ml eiskaltes Wasser
Öl zum Frittieren

Alle Zutaten für die Suppe zusammen im Mixer fein pürieren, mit Salz und Pfeffer abschmecken.

Für das Tempura Avocadofleisch und Pulpo in daumengrosse Stücke schneiden. Mit Zitronensaft, Salz und Pfeffer würzen.

Das Mehl mit Eigelb und Wasser gut verrühren. Die Avocado- und Pulpostücke durch den Teig ziehen und im 180 Grad heissen Öl goldgelb frittieren. Auf Spiesse stecken und zur Suppe servieren.

Erbsen-Minz-Guacamole mit gebackenem Thunfischtatar und Karottenmarmelade

Guacamole

150 g Erbsen
2 Handvoll Pfefferminzblätter
1 reife Avocado
1 Knoblauchzehe, gerieben oder sehr fein gehackt
3 EL Olivenöl
1 EL Zitronensaft
Salz und Pfeffer aus der Mühle

Thunfischtatar

400 g frischer Thunfisch, fein gewürfelt
1 Frühlingszwiebel, fein gewürfelt
2 EL Sojasauce
½ unbehandelte Zitrone, abgeriebene Schale und Saft
1 Ei
1 Prise Cayennepfeffer
1 Prise gemahlener Koriander
6 Frühlingsrollenblätter, in feine Streifen geschnitten
Öl zum Frittieren

Karottenmarmelade

500 g Karotten, grob geraspelt
500 g Zucker
2 unbehandelte Zitronen, abgeriebene Schale und Saft
200 ml Wasser
1 Prise Cayennepfeffer
1 Prise Meersalz
1 Prise gemahlener Koriander

Alle Zutaten für die Karottenmarmelade in einen Topf geben und unter ständigem Rühren aufkochen. Bei niedriger Temperatur etwa 1 Stunde köcheln lassen. Mit dem Pürierstab fein mixen. Bis zur Verwendung im Kühlschrank aufbewahren.

Für die Guacamole die Erbsen zusammen mit den Minzblättern in kochendem Salzwasser 1 Minute blanchieren. Abgiessen und in Eiswasser abschrecken, auf Küchenpapier abtropfen lassen. Zusammen mit den restlichen Zutaten fein mixen und abschmecken.

Den Thunfisch mit Frühlingszwiebel, Sojasauce, Zitronensaft und -schale sowie dem Eigelb gut vermischen, mit Cayennepfeffer und Koriander abschmecken. Zu 4 Kugeln formen und diese im leicht aufgeschlagenen Eiweiss wenden. Anschliessend in den Frühlingsrollenblätterstreifen wälzen und diese festdrücken. Die Thunfischkugeln in 180 Grad heissem Öl goldgelb frittieren. Nicht zu lange frittieren, der Thunfisch soll roh bleiben. Auf Küchenpapier abtropfen lassen und mit der Guacamole und der Karottenmarmelade anrichten.

Tipp

Die Karottenmarmelade schmeckt auch zu Käse köstlich. Sie hält sich im Kühlschrank mehrere Wochen.

Chili

Die kleine feurige Schote stammt ursprünglich aus Mexiko und ist heute auf der ganzen Welt, vor allem aber in Asien verbreitet. Es gibt hunderte von Sorten, die sich in Farbe, Grösse, Form, vor allem aber in ihrer Schärfe unterscheiden. Als grobe Faustregel gilt: Je kleiner die Chili, desto schärfer ist sie. Die Farbe dagegen sagt nichts über ihre Schärfe aus.

Bei der Verwendung in der Küche wird Chili am besten nach und nach zugegeben und das Gericht immer wieder probiert. Um die Schärfe zu mildern, entfernt man die Kerne und die Trennwände im Innern der Schoten. Und falls ein Gericht doch einmal zu scharf geworden ist, hilft Milch oder Joghurt.

Ich liebe Chili sowohl wegen ihrer Schärfe wie auch wegen ihres Aromas und verwende sie sehr oft in meiner Küche – nicht immer, um einem Gericht Schärfe zu geben, sondern oft nur, um einen Akzent zu setzen. Da ich Gegensätze beim Kochen sehr mag, finden sich in meinen Kompositionen häufig scharf-süsse und scharf-saure Elemente. Harmonie entsteht oft aus der Spannung der Gegensätze. Eine meiner Lieblingskombinationen ist Schokolade mit Chili.

Süsse Chilisauce

300 g Zucker
300 ml Reisessig
300 ml Wasser
5 rote Chilischoten, fein gewürfelt
1 Sternanis

Alle Zutaten in einen Topf geben, aufkochen und bei mittlerer Hitze 30 Minuten köcheln lassen. In Flaschen füllen und im Kühlschrank aufbewahren.

Die Sauce eignet sich gut als Dip zu Frühlingsrollen oder Wantans, für Dressings oder Marinaden und zum Abschmecken von Suppen.

Spaghetti Vongole mit Chili und eingemachten Zitronen

4 EL Olivenöl
4 Knoblauchzehen, fein gewürfelt
2 rote Chilis, fein gewürfelt
2 kg Vongole, gründlich gewaschen
200 ml Weisswein
½ konfierte Zitrone (siehe eingemachte Limetten, Seite 86), in feine Würfel geschnitten
500 g Spaghetti
1 Bund glattblättrige Petersilie, gehackt

Das Olivenöl in einem Topf erhitzen, den Knoblauch dazugeben und kurz andünsten. Chilis und Vongole beifügen und mit dem Weisswein ablöschen. Zudecken und 2–3 Minuten kochen lassen. Die Muscheln mit einer Schaumkelle herausheben und die Hälfte der Muscheln auslösen.

Die Zitrone zum Sud geben und diesen auf einen Drittel einkochen.

Die Spaghetti in ausreichend Salzwasser al dente kochen. Mit der Muschelsauce, den Muscheln und der gehackten Petersilie mischen.

Rindsfilet-Tataki mit Sesamsalsa und Chili-Kartoffel-Püree

Rindsfilet-Tataki
1 EL Blackbean-Sauce (aus dem Asienladen)
1 EL Sesamöl
400 g Rindsfilet
1 TL Öl zum Braten

Sesamsalsa
2 EL Sojasauce
2 EL süsse Chilisauce
1 EL Sesamöl
1 EL gerösteter Sesam

Chili-Kartoffel-Püree
500 g mehlige Kartoffeln, geschält und gewürfelt
Salz
50 g Butter
100 ml Vollmilch, heiss
2 EL Rahm
1 rote Chili, fein gewürfelt
einige Tropfen Chiliöl

½ TL schwarzer Sesam als Garnitur

Die Blackbean-Sauce mit dem Sesamöl mischen und das Rindsfilet damit bestreichen. In Frischhaltefolie einwickeln und im Kühlschrank 3 Stunden marinieren.

Das Rindsfilet in einer beschichteten Pfanne im sehr heissen Öl rundherum kurz anbraten. Beiseitestellen.

Alle Zutaten für die Sesamsalsa mischen.

Die Kartoffeln in kaltem Wasser aufsetzen und zum Kochen bringen. Salzen und die Hitze reduzieren. Die Kartoffeln weich kochen, abgiessen und gut ausdampfen lassen. Dann durchpassieren und mit einem Holzlöffel die Butter darunterrühren. Die heisse Milch, den Rahm und die Chili daruntermischen und mit Salz und Chiliöl abschmecken.

Das Rindsfilet fein aufschneiden, auf die Teller legen und mit der Sesamsalsa beträufeln. Das Kartoffelpüree mit Hilfe eines Metallrings dazu anrichten und mit dem schwarzen Sesam bestreuen.

Melonensuppe mit Tomaten-Chili-Marmelade und knuspriger Thunfischrolle

Marmelade

500 g reife Tomaten, gewaschen
4 rote Chili, entkernt und grob geschnitten
2 EL Ingwer, gehackt
2 Knoblauchzehen, geschält
3 EL Thai-Fischsauce
100 ml Rotweinessig
300 g brauner Zucker

Suppe

1 Cavaillon-Melone, geschält und grob gewürfelt
30 ml weisser Portwein
50 ml Orangensaft
2 EL Limettensaft
4 EL Tomaten-Chili-Marmelade
3 EL mildes Olivenöl
Salz und Pfeffer aus der Mühle

Thunfischrollen

1 EL Sojasauce
1 EL Tomaten-Chili-Marmelade
400 g frischer Thunfisch, in 3 cm dicke Streifen geschnitten
4 Frühlingsrollenblätter
1 Eiweiss
Öl zum Frittieren

Für die Marmelade die Hälfte der Tomaten mit Chili, Ingwer, Knoblauch, Fischsauce und Rotweinessig fein mixen. Die restlichen Tomaten mit Schale und Kernen in kleine Würfel schneiden. Das Püree mit dem Zucker aufkochen. Dann die Tomatenwürfel dazugeben und unter regelmässigem Rühren 40 Minuten köcheln lassen. In vorgewärmte Einmachgläser füllen.

Für die Suppe alle Zutaten im Mixer fein pürieren und abschmecken.

Für die Thunfischrollen die Sojasauce mit der Tomatenmarmelade verrühren und den Thunfisch damit bestreichen. Die Frühlingsrollenblätter mit dem Eiweiss bepinseln und auf jedes Blatt einen Thunfischstreifen legen. Zuerst von unten her einrollen, dann die Seiten einschlagen und fertig einrollen. Die Thunfischrollen im 180 Grad heissen Öl kurz frittieren. Auf Küchenpapier abtropfen lassen und in Scheiben schneiden. Auf Spiesschen gesteckt zur Suppe servieren.

Chili-Schokoladenmousse-Kuchen mit Gewürz-Kürbiseis

Für eine Springform von 20 cm Durchmesser

300 g dunkle Schokolade (65 % Kakaogehalt)
150 g Butter
6 Eier
1 Msp. Cayennepfeffer
50 g Zucker

Kürbiseis
250 g Kürbisfleisch, in Würfel geschnitten
50 ml Milch
50 ml Rahm
1 Prise Salz

130 g Zucker
50 ml Wasser
125 ml Doppelrahm
125 g Kürbismark
5 Eigelb
125 ml Milch
½ TL Fünf-Gewürze-Pulver
1–2 EL (20 ml) Amaretto

Schokoladensirup
50 g dunkle Schokolade, gehackt
75 ml Holunderblütensirup

Die Form mit Backpapier auslegen. Die Schokolade mit der Butter über dem Wasserbad schmelzen. Die Eigelbe mit dem Cayennepfeffer und 2 EL Zucker ½ Minute aufschlagen. Mit der geschmolzenen Schokolade gut vermischen. Die Eiweisse mit dem restlichen Zucker zu Schnee schlagen, einen Drittel davon unter die Schokolademasse rühren. Dann den Rest vorsichtig darunterheben. Den Teig in die Backform füllen und im vorgeheizten Ofen bei 180 Grad 20 Minuten backen. Herausnehmen und mit Alufolie bedeckt abkühlen lassen.

Für das Eis das Kürbisfleisch mit Milch, Rahm und Salz zugedeckt unter gelegentlichem Rühren 10 Minuten kochen und anschliessend im Mixer fein pürieren. (Ergibt etwa 150 g.)

Den Zucker mit dem Wasser zu einem hellen Karamell kochen. Den Doppelrahm und das Kürbismark darunterrühren und aufkochen. Eigelbe, Milch und Fünf-Gewürze-Pulver mischen und zum kochenden Kürbiskaramell giessen. Unter Rühren bis kurz vors Kochen erhitzen, dann sofort vom Herd nehmen, den Amaretto darunterrühren und kalt stellen. In der Eismaschine gefrieren.

Die Schokolade mit dem Holunderblütensirup vorsichtig erwärmen und glattrühren.

Den Schokoladensirup dekorativ auf die Teller auftragen. Jeweils ein Stück Kuchen und eine Kugel Kürbiseis daraufsetzen.

Lavendel

Spricht man von Lavendel, tauchen vor unserem inneren Auge unweigerlich Bilder der Provence auf. Auch bei mir ist die Liebe zu dieser mediterranen Pflanze – und zu meinem Mann/Lebenspartner René – dort entstanden. Die unendlich weiten, intensiv leuchtenden Lavendelfelder sind ein Sinneserlebnis ohnegleichen. Der Duft und das Aroma sind einzigartig – sie strahlen für mich etwas Romantisches, Edles, Beruhigendes aus.

Während die Verwendung von Lavendel in der Kosmetik seit langem bekannt ist, sind seine besonderen Qualitäten in der Küche für viele noch zu entdecken. Aber aufgepasst: Zum Kochen und Essen eignet sich nur englischer und vorzugsweise französischer Lavendel.

Neben seiner Verwendung in der Patisserie und für Desserts passt Lavendel wunderbar zu Geflügel, Ziegenkäse, Fisch und Früchten. Frische Blüten ergeben eine schöne Dekoration auf dem Teller, und getrocknete aus der Mühle intensivieren den Geschmack von süsslichen Gerichten.

Lavendelmarmelade

1 Handvoll Lavendelblüten
50 g Zucker
2 EL Honig
150 ml roter Portwein
100 ml Crème de Cassis
250 ml Wasser

Alle Zutaten in einem Topf mischen und etwa ½ Stunde zu sirupartiger Konsistenz einkochen.

Die Lavendelmarmelade passt gut zu Geflügelgerichten, zu gebratenem Fisch, zu Ziegenkäse sowie zu Joghurt oder Eiscreme.

Ziegenkäse-Lavendel-Tempura mit konfierten Melonen

Konfierte Melonen

1 Melone
300 g Zucker
300 ml Wasser
1 Sternanis
2 Kardamomkapseln

Ziegenkäse-Tempura

2 Brikteigblätter
1 EL geschmolzene Butter
4 kleine Ziegenfrischkäse (Crotin de Chavignol)
Pfeffer aus der Mühle
½ TL getrocknete Lavendelblüten, leicht gemörsert
5 EL Tempuramehl (aus dem Asienladen)
6 EL japanische Brotbrösel (Panko, aus dem Asienladen)
Öl zum Frittieren

Die Melone schälen, halbieren und von den Kernen befreien. In 16 gleichmässige Schnitze schneiden.

Den Zucker mit dem Wasser und den Gewürzen in einem weiten Topf zum Kochen bringen. Die Melonenschnitze portionenweise hineinlegen und, sobald die Flüssigkeit wieder aufkocht, mit einer Schaumkelle vorsichtig herausheben. Auf einen Teller geben und im Kühlschrank abkühlen lassen. Den Sirup erneut aufkochen und den Vorgang mit den Melonenschnitzen insgesamt siebenmal wiederholen.

Einen der Melonenschnitze mit etwas Sirup zu einer Sauce mixen.

Für die Ziegenkäse-Tempura die Brikteigblätter halbieren und mit der Butter bestreichen. Die Ziegenkäse mit Pfeffer und Lavendelblüten würzen. Auf den Brikteig legen und darin einschlagen.

Das Tempuramehl mit so viel kaltem Wasser glattrühren, dass ein relativ flüssiger Teig entsteht. Die Ziegenkäse durch den Ausbackteig ziehen und mit den Bröseln panieren. Im 180 Grad heissen Öl goldbraun frittieren. Auf Küchenpapier abtropfen lassen.

Auf den konfierten Melonenschnitzen anrichten. Mit etwas Melonensauce und nach Belieben mit frischen Lavendelblüten garnieren.

Loup de mer in Lavendel-Salzkruste mit weissem Bohnenpüree

1 Loup de mer (Wolfsbarsch), ca. 800 g, ausgenommen und geschuppt
4 Rosmarinzweige
6 Lavendelzweige
1½ kg grobes Meersalz
3 EL getrocknete Lavendelblüten

Bohnenpüree

200 g weisse Bohnen, über Nacht in kaltem Wasser eingeweicht
1 Zwiebel, fein gewürfelt
1 Knoblauchzehe, fein gewürfelt
800 ml Gemüsefond
1 Rosmarinzweig
Saft von 1 Zitrone
Salz und Pfeffer aus der Mühle
100 ml Olivenöl

Für das Bohnenpüree alle Zutaten bis auf das Olivenöl mischen und 1–2 Stunden weich kochen. Den Rosmarinzweig entfernen, die Bohnen abgiessen und mit dem Olivenöl zu einem Püree mixen.

Den Fisch waschen und trockentupfen, die Kiemen herausschneiden. Die Rosmarin- und die Lavendelzweige in die Bauchöffnung legen.

Das Salz mit wenig Wasser befeuchten und die Lavendelblüten dazugeben. Ein Backblech mit Backpapier belegen. Darauf einen Teil der Salzmasse in der Grösse des Fisches zu einem Boden formen und den Fisch darauflegen. Mit dem restlichen Salz vollständig bedecken. Im auf 200 Grad vorgeheizten Ofen 15 Minuten backen. Der Fisch sollte innen eine Temperatur von etwa 57 Grad haben (mit einem Fleischthermometer überprüfen). Den Fisch aus dem Ofen nehmen und kurz ruhen lassen. Die Salzkruste aufschlagen und den Fisch filetieren. Zusammen mit dem Bohnenpüree anrichten.

Lavendelgeräucherte Entenbrust mit Randen-Glasnudel-Salat und Cassiscoulis

1 EL grobes Meersalz
1 EL brauner Zucker
2 TL getrocknete Lavendelblüten
2 Entenbrüste, pariert, das Fett mit einem scharfen Messer kreuzweise eingeritzt
1 EL Schwarztee
1 EL Basmatireis

Glasnudelsalat

1 Rande (rote Bete), geschält, in feine Streifen gehobelt
1 Stück Ingwer, geschält und in Scheiben geschnitten
1 Stengel Zitronengras
100 ml Reisessig
100 ml Wasser
100 g Zucker
100 g Glasnudeln
1 EL Thai-Fischsauce
1 unbehandelte Limette und ½ Orange, abgeriebene Schale und Saft
1 EL gerösteter Sesam
1 EL schwarzer Sesam
1 EL Koriandergrün, fein geschnitten

Cassiscoulis

500 g schwarze Johannisbeeren (ersatzweise Kirschen)
3 EL Wasser
3 EL Zucker
30 g Butter
Salz

Meersalz, Zucker und Lavendelblüten mischen und die Entenbrüste damit einreiben. Zugedeckt im Kühlschrank 24 Stunden marinieren. Am nächsten Tag kalt abspülen, trockentupfen und in einer beschichteten Pfanne zuerst auf der Hautseite 2 Minuten, dann auf der anderen Seite nur noch einige Sekunden braten.

Die Teeblätter und den Reis in einen Wok geben und die Entenbrüste mit der Hautseite nach unten auf dem Gitter darübersetzen (ersatzweise einen weiten Topf und ein auf eine leere Konservendose gestelltes Kuchengitter verwenden). Mit dem Deckel verschliessen und auf dem Herd erhitzen. Sobald sich Rauch entwickelt, die Temperatur reduzieren und die Entenbrüste etwa 8 Minuten räuchern. Die Entenbrüste herausnehmen und abkühlen lassen.

Für den Glasnudelsalat die Rande mit Ingwer, Zitronengras, Reisessig, Wasser und Zucker aufkochen und im Sud erkalten lassen.

Die Glasnudeln in kochendes Salzwasser geben, den Topf vom Herd ziehen und die Nudeln 3 Minuten ziehen lassen. In ein Sieb giessen und mit kaltem Wasser abschrecken. Die Glasnudeln mit der Rande, dem Sud und den restlichen Zutaten mischen und ½ Stunde durchziehen lassen.

Für das Coulis die schwarzen Johannisbeeren mit Wasser und Zucker aufkochen und 15 Minuten köcheln lassen. Mixen und durch ein Sieb streichen. Wieder in den Topf geben und zum Kochen bringen, die Butter einrühren, bis sie geschmolzen ist.

Die Entenbrüste in feine Scheiben schneiden. Mit dem Glasnudelsalat und dem Cassiscoulis anrichten.

Tipp

Statt einem Cassiscoulis kann man auch ein Coulis aus Kirschen zubereiten.

Lavendel-Pfirsich-Crumble mit Kokos-Sauerrahm-Sorbet

8 Pfirsiche
3 EL Rohrzucker
1 TL getrocknete Lavendelblüten
60 g Mehl

Streusel
125 g Butter
120 g Mehl
6 EL Rohrzucker
½ TL getrocknete Lavendelblüten
½ TL Salz
60 g Baumnüsse, grob gehackt
½ unbehandelte Zitrone, abgeriebene Schale

Sorbet
250 g Zucker
250 g Wasser
200 ml Kokosmilch
125 g Sauerrahm
2 EL weisser Rum

Die Haut der Pfirsiche unten an der Rundung kreuzförmig einritzen, die Früchte mit kochendem Wasser übergiessen, sodass sie damit bedeckt sind. Nach 2 Minuten abgiessen, schälen und in 1 cm grosse Würfel schneiden. Den Rohrzucker mit den Lavendelblüten mörsern und mit dem Mehl und den Pfirsichwürfeln mischen.

Die Zutaten für den Streusel zu einer bröselartigen Masse verreiben.

Die Pfirsichmasse in ofenfeste Förmchen verteilen und mit dem Streusel bedecken. Im vorgeheizten Ofen bei 180 Grad 15–20 Minuten goldbraun backen.

Für das Sorbet Zucker und Wasser in einen Topf geben, aufkochen und 1 Minute köcheln lassen, bis sich der Zucker vollständig aufgelöst hat. Vom Herd nehmen, Kokosmilch, Sauerrahm und Rum darunterrühren. Abkühlen lassen und in der Eismaschine gefrieren.

Den Crumble zusammen mit dem Sorbet servieren.

Rosen

Nicht nur ist Rosa meine Lieblingsfarbe, Rosen erschliessen auch ganz neue, ungewohnte Geschmackswelten und ergeben nicht zuletzt farblich schöne Akzente auf dem Teller.

Was bei uns vielen etwas fremd erscheinen mag, hat in der indischen, der persischen und marokkanischen Küchengeschichte eine lange Tradition: der Einsatz von Rosenblüten, und dies vor allem in der Form von Rosenwasser, das als Kondensationswasser bei der Herstellung von ätherischem Rosenöl durch Wasserdampfdestillation entsteht.

Rosenwasser verleiht den Gerichten einen zarten, sinnlichen Duft und Geschmack. Und wussten Sie, dass dem Rosenaroma auch eine aphrodisierende Wirkung nachgesagt wird?

Neben dem in der Apotheke oder in Drogerien erhältlichen Rosenwasser eignen sich für die Verwendung in der Küche auch frische, ungespritzte und unbehandelte Duftrosen, natürlich am besten aus dem eigenen Garten.

Erinnern Sie sich an das Buch und den wunderbaren Film »Como agua para chocolate«? Die Hauptfigur Tita kocht darin für ihre grosse, unerreichbare Liebe neben manch anderem Wachteln mit Rosen. Mir gefällt die Idee, Gefühle durch das Essen auszudrücken.

Rosensalz

10 g getrocknete ungespritzte Duftrosenblätter
40 g Fleur de Sel

Die Rosenblütenblätter im Mörser fein zerreiben. Das Fleur de Sel dazugeben und zu einem feinen Rosensalz mörsern. In einem Glas luftdicht verschlossen aufbewahren.

Das Rosensalz eignet sich zum Würzen verschiedenster Gerichte wie Lamm, Fisch, Reis, Gemüse oder Couscous. Es verleiht den Gerichten eine romantisch-blumige Note.

Milchlammkarree mit Kartoffelburger und Tomaten-Rosen-Coulis

2 Milchlammkarree
Salz und Pfeffer aus der Mühle
2 EL Olivenöl

Kartoffelburger
600 g mehlige Kartoffeln
2 Eigelb
3 EL Ricotta
50 g Parmesan, gerieben
100 g Brotbrösel
2 EL gehackte Petersilie
½ unbehandelte Orange, abgeriebene Schale
1 Prise Zimt
Salz und Pfeffer aus der Mühle
2 Eier, verklopft
4 EL Olivenöl zum Braten

Tomaten-Rosen-Coulis
1 Zwiebel, gehackt
2 Knoblauchzehen, gehackt
4 EL Olivenöl
500 g Tomaten, gewürfelt
2 EL Honig
4 EL Rosinen
Salz, Pfeffer aus der Mühle
200 ml Tomatensaft
1 EL getrocknete ungespritzte Buschrosenblätter
Rosenwasser zum Abschmecken

frische ungespritzte Rosenblätter

Den Backofen auf 90 Grad vorheizen. Das Lammkarree mit Salz und Pfeffer würzen. Im Olivenöl rundherum schnell anbraten und bei 90 Grad im Ofen 20–30 Minuten fertig garen.

Für die Burger die Kartoffeln in der Schale weich kochen. Schälen, passieren und mit Eigelben, Ricotta, Parmesan, der Hälfte der Brösel, Petersilie und Orangenschale mischen, mit Zimt, Salz und Pfeffer abschmecken. Die Masse zu Burgern formen, diese zuerst im verklopften Ei, dann in den restlichen Bröseln wenden. Von beiden Seiten im heissen Olivenöl 5 Minuten goldbraun braten.

Für das Coulis Zwiebel und Knoblauch im Olivenöl andünsten. Die Tomatenwürfel, Honig und Rosinen dazugeben, würzen und mit dem Tomatensaft ablöschen. Etwa 10 Minuten einköcheln lassen. Zum Schluss die getrockneten Rosenblätter darunterrühren und mit Rosenwasser abschmecken.

Das Lammkarree aufschneiden und mit den Kartoffelburgern und dem Tomaten-Rosen-Coulis anrichten. Mit Rosenblättern garnieren.

Rotbarbe mit Rosencouscous und Salsa rosa

4 Rotbarbenfilets (Rouget) à 100–120 g
Salz, rosa Pfeffer aus der Mühle
1 EL Olivenöl

Couscous
100 g Couscous
100 ml Wasser
80 ml Randensaft (Rote-Bete-Saft)
Salz, Pfeffer aus der Mühle
1 EL Rosenblütenwasser
1 EL mildes Olivenöl

Salsa rosa
2 EL brauner Zucker
1 EL Randensaft (Rote-Bete-Saft)
1 EL Thai-Fischsauce
1 EL rote Chili, fein gewürfelt
2 EL Himbeeressig (ersatzweise Rotweinessig)
1 EL rote Zwiebel, gewürfelt
2 EL Radieschenwürfel
1 EL rosa Sushi-Ingwer, gewürfelt
1 EL Rosenblütenwasser

ungespritzte Rosenblütenblätter als Garnitur

Die Fischfilets mit Salz und rosa Pfeffer würzen. Das Öl erhitzen und den Fisch darin zuerst auf der Hautseite 1 Minute braten, wenden und auf der zweiten Seite nur noch wenige Sekunden braten.

Den Couscous in eine Schüssel geben und mit dem Wasser und dem Randensaft übergiessen. Mit Salz und Pfeffer würzen und 10 Minuten quellen lassen. Mit einer Gabel auflockern, das Rosenblütenwasser und das Olivenöl darunterrühren.

Für die Salsa rosa den Zucker mit Randensaft, Fischsauce, Chili und Essig erwärmen, bis sich der Zucker aufgelöst hat. Abkühlen lassen und mit den restlichen Zutaten mischen.

Die Fischfilets mit dem Couscous und der Salsa rosa anrichten und mit Rosenblättern bestreuen.

Auberginen-Scamorza-Samosas mit Rosen-Chili-Dip

4 Auberginen
Salz und schwarzer Pfeffer aus der Mühle
3–4 EL Olivenöl
2 Schalotten, fein gewürfelt
1 Knoblauchzehe, fein gewürfelt
2 EL gehackte Petersilie
1 Prise Zimt
Saft von 1 Limette
2 Scamorza (geräucherter Mozzarella), fein gewürfelt
Kreuzkümmel, frisch gemahlen
1 Packung Frühlingsrollenteigblätter
1 Ei, verquirlt
Öl zum Frittieren

Dip
150 ml Wasser
150 ml Rotweinessig
150 g Gelierzucker
1 rote Chili, fein gewürfelt
1 EL Randensaft (Rote-Bete-Saft)
1 EL Rosenwasser (aus der Apotheke)

ungespritzte Rosenblüten zum Garnieren

Die Auberginen längs halbieren und mit der Schnittfläche nach oben auf ein Backblech legen. Mit einem spitzen Messer rautenförmig einschneiden, würzen und mit dem Olivenöl beträufeln. Im Backofen bei 180 Grad etwa 25 Minuten weich garen und bräunen. Herausnehmen und das Fruchtfleisch mit einem Löffel aus der Schale kratzen.

Die Schalotten und den Knoblauch in 1 EL Olivenöl andünsten, das Auberginenmus, die Petersilie, Zimt, Limettensaft und Scamorzawürfel darunterrühren und abschmecken.

Die Frühlingsrollenteigblätter halbieren und mit dem Ei bestreichen. In eine Ecke jeweils 1 EL Füllung setzen und so oft diagonal zusammenschlagen, bis ein Dreieck entstanden ist. Die Ränder gut zudrücken.

Die Zutaten für den Dip bis auf das Rosenwasser mischen, aufkochen und 5 Minuten köcheln lassen, dann das Rosenwasser dazugeben und den Dip kalt stellen.

Die Samosas im 180 Grad heissen Öl goldbraun frittieren. Auf Küchenpapier gut abtropfen lassen und mit dem Dip servieren. Mit Rosenblütenblättern garnieren.

Erdbeer-Rosen-Sorbet, -Lassi und -Marshmallows

Sorbet
300 g reife Erdbeeren
300 ml Rosensirup
½ Zitrone, Saft
60 g Rosenwasser

Lassi
180 g Joghurt nature
100 g Erdbeeren
100 ml Wasser
3 EL Rosensirup

Marshmallows
200 g Zucker
80 ml Wasser
45 g Erdbeermarmelade (ohne Stücke)
2 TL Rosenblütenwasser
3 Blatt Gelatine, kurz in kaltem Wasser eingeweicht
2 Eiweiss
1 Prise Salz
Öl zum Auspinseln der Form
100 g Puderzucker

ungespritzte Rosenblütenblätter und Erdbeeren als Garnitur

Für das Sorbet alle Zutaten mixen und in der Eismaschine gefrieren lassen.

Alle Zutaten für das Lassi mixen und in kleine Gläser füllen.

Für die Marshmallows Wasser und Zucker in einem Topf unter Rühren aufkochen und 20 Minuten bei geringer Hitze köcheln lassen. Die Erdbeermarmelade und das Rosenwasser einrühren. Die ausgedrückte Gelatine darin auflösen.

Die Eiweisse mit dem Salz steif schlagen und den Sirup in feinem Strahl mit einem Schneebesen unter den Eischnee heben.

Eine flache Form einölen und mit 2 EL Puderzucker ausstreuen. Die Marshmallowmasse etwa 2 cm hoch einfüllen und 2 Stunden kalt stellen. Auf ein Brett stürzen und mit einem eingeölten Messer in Würfel schneiden. Diese im Puderzucker wälzen und auf einem Kuchengitter kurz trocknen lassen.

Sorbet und Lassi zusammen mit den Marshmallows anrichten und nach Belieben mit Rosenblütenblättern und Erdbeeren garnieren.

Ingwer

Streng botanisch gesehen handelt es sich bei der Ingwerknolle nicht um eine Wurzel, sondern ein Rhizom, das heisst ein oberhalb der eigentlichen Wurzeln gebildeter Teil der Pflanze, der die Aufgabe hat, bestimmte Stoffe zu speichern.

Ingwer hat vor allem in der asiatischen Küche grosse Bedeutung. Sein frisches, beissendes bis scharfes Aroma strahlt zugleich Wärme aus. Ich könnte mir meine Küche ohne Ingwer nicht vorstellen. Er gibt vielen Gerichten eine gewisse Schärfe, ohne wirklich scharf zu sein.

Junger Ingwer ist nicht holzig und lässt sich gut auf einer gläsernen Apfelreibe reiben. Die Reste gebe ich immer noch in die Knoblauchpresse, um so auch noch den letzten Tropfen Saft zu gewinnen. Ingwer sollte immer möglichst dünn, am besten mit einem Sparschäler geschält werden, da die meisten Geschmacksstoffe direkt unter der Schale sitzen.

Das Aroma von Ingwer passt zu fast allem, nicht nur zu asiatisch inspirierten Gerichten, sondern zum Beispiel auch zu einem geschmorten Hähnchen mit Rosmarin oder als Zutat zu Süssspeisen wie zum Beispiel dem Aprikosen-Ingwer-Sorbet von Seite 82. Die Knolle ist für mich übrigens auch ein eigentliches Heil- und Wohlfühlmittel. Sie hat mir in der Schwangerschaft bei Übelkeit geholfen und im Sommer bei Heuschnupfen.

Eingelegter junger Ingwer

250 g ganz frischer, junger Ingwer (er darf nicht holzig sein)
50 g Zucker
200 ml Zitronensaft

Den Ingwer dünn schälen und so fein wie möglich in Scheiben schneiden oder hobeln. In einer Schüssel mit dem Zucker und dem Zitronensaft mischen und in ein Einmachglas füllen. Gut verschlossen im Kühlschrank aufbewahren. Vor dem Genuss mindestens 3 Tage ziehen lassen.

Der eingelegte Ingwer passt sehr gut zu Sushi, zu rohen Fischgerichten wie auch zu Reis und Salaten.

Moules im Kürbis-Apfel-Sud mit Ingwer-Gremolata

1 kg Miesmuscheln
1 EL Olivenöl
2 Schalotten, fein gewürfelt
2 Knoblauchzehen, fein gewürfelt
200 g Kürbis, geschält, gewürfelt
½ TL Kurkumapulver
2 Tomaten, geschält, entkernt und gewürfelt
1 Apfel, gewürfelt
1 EL fein gewürfelter Ingwer
300 ml Weisswein
200 ml Apfelsaft
Salz und Pfeffer aus der Mühle

Gremolata

3 EL sehr fein gewürfelter Ingwer
3 EL gehackte glattblättrige Petersilie
1 Knoblauchzehe, sehr fein gewürfelt
3 EL Kürbiskerne, geröstet
1 unbehandelte Zitrone, abgeriebene Schale
4 EL japanische Brotbrösel (Panko, aus dem Asienladen)

Die Muscheln unter fliessendem kaltem Wasser gründlich waschen und vom Bart befreien. Geöffnete Muscheln wegwerfen.

In einem Topf das Olivenöl erhitzen und darin Schalotten, Knoblauch und Kürbis zusammen mit dem Kurkuma andünsten. Die Tomaten-, Apfel- und Ingwerwürfel sowie die Muscheln dazugeben und mit Weisswein und Apfelsaft ablöschen. Zugedeckt 3–4 Minuten kochen, bis die Muscheln sich geöffnet haben. Den Sud mit Salz und Pfeffer abschmecken. Geschlossene Muscheln entfernen.

Alle Zutaten für die Gremolata mischen und über die Muscheln streuen.

Enten-Dim-Sum im Bambuskörbchen mit Ingwer-Pfirsich-Sambal

Dim-Sum-Teig

250 g Mehl
10 g Butter, geschmolzen, lauwarm
1 TL Sesamöl
100 ml lauwarmes Wasser

Dim-Sum-Füllung

400 g Entenbrüste, durch den Fleischwolf gedreht
2 Frühlingszwiebeln, fein gewürfelt
1 EL Ingwer, gerieben
1 Knoblauchzehe, gerieben oder sehr fein gehackt
2 EL Sojasauce
1 Ei
1 Prise gemahlener Koriander
1 Prise gemahlener Kreuzkümmel

Ingwer-Pfirsich-Sambal

1 Pfirsich, geschält (siehe Seite 56), fein gewürfelt
1 TL gehackter frischer Ingwer
1 TL gehackter rosa Sushi-Ingwer
1 Knoblauchzehe, fein gerieben
1 rote Chili, fein gewürfelt
1 TL Zucker
3 EL Limettensaft
3 EL Thai-Fischsauce

Die Zutaten für den Dim-Sum-Teig gut verkneten und in Klarsichtfolie verpackt über Nacht im Kühlschrank ruhen lassen.

Die Zutaten für die Füllung gut vermengen und 30 Minuten ruhen lassen.

Inzwischen alle Zutaten für das Sambal gut verrühren und in ein Schälchen füllen.

Den Teig für die Dim Sum sehr dünn ausrollen und mit dem Teigrad in Quadrate von etwa 7 × 7 cm schneiden. Jeweils ein Teigblatt in die hohle Hand nehmen und in die Mitte 1 EL Füllung setzen. Den Teig so nach oben zusammenfalten, dass die Füllung noch sichtbar ist. Die Dim Sum im Bambuskörbchen etwa 3 Minuten dämpfen und mit dem Sambal servieren.

Lachs mit Ingwer-Senf-Glasur und Chili-Gurken-Salat

500 g Lachsfilet, ohne Haut, in 4 gleich grosse Stücke geschnitten
1 EL Sojasauce
Pfeffer aus der Mühle
1 TL Olivenöl

Senfglasur
80 ml Teriyakisauce
1 EL gehackter Ingwer
1 kleine Knoblauchzehe, fein gehackt
1 EL Honig
1 EL Senf
½ TL Reisessig

Chili-Gurken-Salat
1 grosse Salatgurke
2 Zitronen, Saft
100 g Zucker
½ EL Salz
1 orangefarbene oder rote Chili, entkernt und fein gewürfelt
2 EL Korianderblätter, grob geschnitten
1 Frühlingszwiebel, schräg in Streifen geschnitten

Alle Zutaten für die Glasur in einem Topf mischen, aufkochen und bei niedriger Hitze sirupartig einkochen.

Die Lachsstücke mit Sojasauce und Pfeffer würzen. Im auf 80 Grad vorgeheizten Ofen 8 Minuten erwärmen. Herausnehmen und die Ofentemperatur auf höchste Stufe Oberhitze erhöhen.

Das Öl in einer Pfanne erhitzen und den Lachs auf beiden Seiten kurz anbraten. Dick mit der Glasur bestreichen und kurz unter dem Backofengrill glasieren.

Für den Salat die Gurke schälen und in feine Scheiben hobeln. Mit Zitronensaft, Zucker und Salz vermischen und 15 Minuten im Kühlschrank marinieren. Dann die Flüssigkeit abgiessen und den Salat mit Chili und Koriander mischen.

Den Lachs auf dem Gurkensalat anrichten und die Frühlingszwiebelstreifen darüberstreuen.

Aprikosen-Ingwer-Sorbet mit Schokoladen-Crème-brûlée

Crème brûlée

150 g dunkle Schokolade, in Stücke geschnitten
570 ml Rahm
6 Eigelb
50 g brauner Zucker
1 TL Maisstärke

2 EL brauner Zucker zum Karamellisieren

Sorbet

500 g reife Aprikosen, entsteint
240 g Zucker
250 ml Wasser
2 EL kandierter Ingwer, fein gehackt

Die Schokolade mit 150 ml Rahm über dem Wasserbad vorsichtig schmelzen. Vom Wasserbad nehmen und zu einer glatten, glänzenden Masse rühren.

In einer Schüssel die Eigelbe mit dem Zucker und der Maisstärke schaumig schlagen. Den restlichen Rahm (420 ml) bis kurz vors Kochen erhitzen und dann unter Rühren zur Zucker-Eigelb-Mischung geben. Zurück in den Topf giessen und über mässiger Hitze unter Rühren mit einem Holzlöffel köcheln, bis die Masse eindickt.

Die Eigelbmasse unter die Schokoladenmasse rühren und in 6 Förmchen füllen. Zugedeckt über Nacht im Kühlschrank ruhen lassen.

Für das Sorbet die Aprikosen mit Zucker und Wasser aufkochen. Vom Herd nehmen und erkalten lassen. Im Mixer pürieren und durch ein Sieb passieren. Mit dem kandierten Ingwer mischen und in der Eismaschine gefrieren lassen.

Die Crème brûlée mit dem Zucker bestreuen und diesen mit dem Bunsenbrenner karamellisieren. Nach Belieben mit einer Schokoladentuile (siehe Seite 162) garnieren. Zusammen mit dem Sorbet anrichten.

Limette

Ursprünglich aus Malaysia stammend, werden Limetten heute vor allem in der Karibik, in Mexiko und Afrika angebaut. Der Limettenbaum benötigt ein sehr heisses Klima, um zu gedeihen. Von den verschiedenen Limettenarten sind die kleineren aromatischer.

Die Säure der Limette hat in meiner Küche verschiedene Funktionen. Zum einen schätze ich den frischen Geschmack, den sie den Gerichten verleiht. Ebenso wichtig ist mir aber das Aroma selbst, das sich vor allem in der Schale befindet und das einen wunderbaren Ausgleich zu süssen Komponenten schafft. Schliesslich dient Limettensaft auch dazu, Fisch oder Fleisch zu »garen«.

Ideale Partner für Limetten sind Fisch und Meeresfrüchte, Kokosmilch und viele Arten von Früchten und Tomaten. Die Seeteufel-Ceviche (siehe Rezept Seite 93), die mit den genannten Produkten zubereitet wird, ist eines meiner Lieblingsrezepte: aromatisch, schnell und einfach zubereitet, leicht, gesund und zudem dekorativ.

In der vietnamesischen Küche werden Limetten zusammen mit Kräutern separat als aromatische Zugabe zu Nudelsuppen, Fischgerichten und anderen Speisen gereicht. Eine Idee, die sich auszuprobieren lohnt!

Eingemachte Limetten

16 Limetten, unbehandelt
350 g grobes Meersalz
4 Lorbeerblätter
2 EL Zucker
1 EL Korianderkörner
4 Sternanis
1 TL schwarze Pfefferkörner

10 Limetten von oben nach unten vierteln, aber nicht ganz durchschneiden. An den Einschnitten vorsichtig leicht auseinanderdrücken und etwas Meersalz hineingeben.

Die Hälfte des restlichen Salzes in ein grosses Einmachglas geben, die Limetten samt den Gewürzen darauflegen und pressen. Mit dem restlichen Salz bedecken. Die 6 verbleibenden Limetten auspressen und den Saft über die eingelegten Limetten giessen.

Das Glas gut verschliessen und im Kühlschrank mindestens 3 Wochen ziehen lassen. Das Glas täglich umdrehen. Von den eingemachten Limetten verwendet man nur die Schale.

Die eingemachten Limetten eignen sich, fein gewürfelt, zum Aromatisieren von Fischgerichten, Pasta, Suppen und Salaten. Sie verleihen eine feine orientalische, frische und säuerliche Note.

Tipp

Statt Limetten kann man auch Zitronen verwenden.

Anisgebeizte Lachsforelle mit Limettenblinis und Mango-Limetten-Dressing

4 Lachsforellenfilets (à ca. 200 g)
250 g grobes Meersalz
150 g brauner Zucker
5 Sternanis
1 EL Korianderkörner
1 EL Fenchelsamen
1 EL Szechuanpfeffer
2 Lorbeerblätter

Blinis
230 ml Milch
20 g Hefe
230 g Mehl
3 Eigelb
65 g Butter, geschmolzen
Zesten von 2 unbehandelten Limetten
2 EL gehackte Petersilie
je 1 Prise Salz und Zucker

Dressing
1 reife Mango
2 unbehandelte Limetten, abgeriebene Schale und Saft
1 EL Senf
1 grüne Chili, fein gewürfelt
1 EL Ahornsirup
1 EL Thai-Fischsauce

Für die Lachsforellenfilets Salz, Zucker und sämtliche Gewürze im Mörser oder Cutter grob mahlen und die Filets damit einreiben. Zugedeckt im Kühlschrank über Nacht beizen. Am nächsten Tag vorsichtig unter kaltem Wasser abspülen und dünn aufschneiden.

Für die Blinis 5 EL Milch erwärmen und die Hefe darin auflösen. Das Mehl mit der restlichen Milch glattrühren, dann die übrigen Zutaten mit dem Schneebesen darunterrühren. Zugedeckt an einem warmen Ort etwa 1 Stunde gehen lassen.

Inzwischen die Mango schälen und das Fruchtfleisch vom Stein schneiden. Mit dem Limettensaft mixen und die restlichen Zutaten darunterrühren.

Den Bliniteig esslöffelweise in einer beschichteten Pfanne in etwas Olivenöl ausbacken.

Die Lachsforellenscheiben auf den Blinis anrichten und mit der Mangosauce garnieren oder diese dazu servieren.

Seeteufel-Ceviche mit Limetten, Limettenblättern und Tomaten

500 g Seeteufelfilet
3 Limetten, Zesten von 1 und Saft
von allen 3 Limetten
200 g Tomaten, enthäutet und entkernt
1 rote Chili, fein gewürfelt
1 rote Zwiebel, fein gewürfelt
3 EL Olivenöl
100 ml Kokosmilch
2 Limettenblätter, in feine Streifen geschnitten
2 TL Salz
3 EL grob gehackter Koriander

Den Seeteufel in 1,5 × 1,5 cm grosse Würfel schneiden. Mit den Limettenzesten und dem passierten Saft sowie allen anderen Zutaten mischen. Im Kühlschrank mindestens 1 Stunde marinieren.

Mit frischem Brot servieren.

Limettengeröstete Poularde mit gebackenen und marinierten Süsskartoffeln

1 Freiland-Poularde von ca. 1,8 kg
2 Knoblauchzehen
2 unbehandelte Limetten, Saft und Zesten
1 Handvoll Thymianzweige
60 g Butter
Salz und Pfeffer aus der Mühle
1 rote Zwiebel, geachtelt
1 Pfälzer Rübe oder normale Karotte, längs geviertelt

Süsskartoffeln

4 Süsskartoffeln
3 EL Thai-Fischsauce
2 EL Limettensaft
1 unbehandelte Limette, abgeriebene Schale
1 Knoblauchzehe, fein gerieben
2 grüne Chili, entkernt und fein gewürfelt
1 TL brauner Zucker

Den Ofen auf 230 Grad vorheizen.

Die Knoblauchzehen, die ausgepressten Limetten und einen Teil des Thymians in die Bauchhöhle der Poularde geben. Die Poularde mit der Butter einreiben, in eine feuerfeste Form legen und mit Salz und Pfeffer würzen. Den Limettensaft über die Poularde giessen. Zwiebel, Karotte und den restlichen Thymian dazulegen. Die Poularde im Ofen bei 230 Grad 10 Minuten backen, dann die Temperatur auf 190 Grad reduzieren und die Poularde weitere 30 Minuten rösten. Ab und zu mit dem austretenden Saft und Fett übergiessen. Den Ofen ausschalten und die Poularde vor dem Aufschneiden bei geöffneter Backofentür 5–10 Minuten ruhen lassen.

Die Süsskartoffeln gut waschen, auf ein Blech legen und bei 200 Grad 40–45 Minuten im Ofen backen.

Inzwischen alle weiteren Zutaten zu einer Marinade mischen und erwärmen, bis sich der Zucker aufgelöst hat. Die Süsskartoffeln aus dem Ofen nehmen, noch heiss schälen, halbieren und mit der Marinade beträufeln.

Die Süsskartoffeln zur Limetten-Poularde servieren.

Limetten-Cheesecakes mit Rosmarin

Für 6 Stück

75 g Butter
100 g Butterkekse, fein zerkrümelt
1 unbehandelte Limette, abgeriebene Schale

Füllung
225 g Ricotta
30 g Puderzucker
1 unbehandelte Limette, abgeriebene Schale
1 EL fein gehackter Rosmarin
1 Ei
1 Eigelb
150 ml Rahm

Die Butter schmelzen und mit den Butterkeksbröseln und der abgeriebenen Limettenschale gut vermischen. Die Masse in 6 Papier-Muffinformen drücken und kalt stellen.

Für die Füllung den Ricotta mit Puderzucker, Limettenschale und Rosmarin glattrühren, dann Ei und Eigelb darunterrühren. Den Rahm steif schlagen und unter die Ricottamasse heben.

Die Füllung in die Förmchen füllen und im auf 150 Grad vorgeheizten Ofen 30 Minuten backen; die Tür dabei nicht öffnen. Die Cheesecakes im ausgeschalteten Ofen auskühlen lassen.

Koriander

Koriander ist eines der rund um den Globus am weitesten verbreiteten Kräuter. Es hat sowohl in der asiatischen wie auch in der mexikanischen, indischen und griechischen Küche eine grosse Bedeutung.

Der nur schwer zu beschreibende Geschmack des Krauts – eine Mischung aus pfeffrig, zitronig, bitter und süss – teilt wie kaum ein anderer die Geister: Ein Gewürz, das man entweder heiss liebt oder entschieden ablehnt.

Ich liebe den Geschmack von Koriander – für mich der Inbegriff des typischen Thai-Aromas – und muss mich oft zurückhalten, nicht zu oft und nicht zu viel davon zu verwenden. Er hat für mich fast etwas Magisches ... Mit seiner alles durchdringenden frischen Schärfe kann er auch sehr schweren Gerichten eine gewisse Leichtigkeit verleihen.

Das Kraut ist sehr empfindlich und sollte schnell verbraucht werden. Am besten kauft man es im Asienladen, wo meist die ganze Pflanze mit der Wurzel angeboten wird, die ebenfalls in vielen Gerichten Verwendung findet. Am liebsten hätte ich einen ganzen Garten voll hübscher, fein duftender Korianderpflanzen. Neben vielen asiatischen Gerichten harmoniert das Kraut hervorragend mit Kokosmilch, Gurken und Thunfisch.

Grüne Currypaste

1 TL Koriandersamen
½ TL Kreuzkümmel
½ TL Anissamen
½ TL schwarzer Pfeffer, zerstossen
10 kleine grüne Chilis, fein gewürfelt
1 rote Zwiebel, fein gewürfelt
2 Knoblauchzehen, fein gewürfelt
1 EL Galgant, fein gewürfelt
2 Stengel Zitronengras, die äusseren Blätter entfernt, gehackt
8 Kaffirlimettenblätter, gehackt
1 Bund Koriander, mit Stengel und Wurzeln, fein geschnitten
2 TL Garnelenpaste (Blachan)

Eine Pfanne bei niedriger Temperatur erhitzen. Koriander, Kreuzkümmel und Anis 2 Minuten unter Wenden darin anrösten. Die Gewürze zusammen mit dem Pfeffer im Mörser mahlen. Alle übrigen Zutaten dazugeben und zu einer Paste verarbeiten.

Gut verschlossen im Kühlschrank aufbewahren.

Die Currypaste eignet sich zur Zubereitung von Currys, Suppen und Saucen.

Tomaten-Mascarpone-Pizzette mit Ziegenkäse-Koriander-Pesto

Belag
700 g Dattel- oder Cherrytomaten
Puderzucker, Salz und Pfeffer
2 EL Olivenöl
200 g Mascarpone
150 g Parmesan, gerieben
½ unbehandelte Orange, dünn abgeriebene Schale

Teig
400 g Mehl
20 g frische Hefe
1 Prise Zucker
¼ l Wasser, lauwarm
2 EL Olivenöl
½ TL Salz

Pesto
30 g Korianderblätter
1 Knoblauchzehe
1 EL Pinienkerne, geröstet
100 ml Olivenöl
50 g Ziegenkäse, weich
1 EL geriebener Parmesan
2 EL Joghurt nature
Salz, Zucker, Pfeffer und Kreuzkümmel aus der Mühle

Die Tomaten in kochendem Wasser einige Sekunden blanchieren, in Eiswasser abschrecken, häuten, längs halbieren und entkernen. Umgekehrt auf ein Blech setzen, mit Puderzucker, Salz und Pfeffer bestreuen und mit dem Öl beträufeln. Die Tomaten im vorgeheizten Backofen bei 100 Grad 2 Stunden konfieren.

Für den Teig das Mehl in eine Schüssel sieben und eine Mulde hineindrücken. Die Hefe hineinbröckeln, Zucker und das Wasser dazugeben. Vom Rand her mit etwas Mehl zu einem flüssigen Vorteig verrühren und den Vorteig zugedeckt an einem warmen Ort etwa 10 Minuten gehen lassen. Dann das Olivenöl und das Salz dazugeben und alles zu einem geschmeidigen Teig verkneten. Zugedeckt weitere 15 Minuten gehen lassen.

Den Mascarpone mit dem Parmesan und der Orangenschale verrühren und mit Salz und Pfeffer abschmecken.

Den Teig in 8 Portionen teilen und diese jeweils dünn zu kleinen Pizette ausrollen. Mit der Mascarponecreme bestreichen, mit den Tomaten belegen und im vorgeheizten Ofen bei 180 Grad 10 Minuten backen.

Für den Pesto die Korianderblätter mit Knoblauch und Pinienkernen im Mixer pürieren. Das Olivenöl langsam einlaufen lassen. Dann den Ziegenkäse, den Parmesan und den Joghurt daruntermischen. Mit Salz, Zucker, Pfeffer und Kreuzkümmel abschmecken.

Die Pizzette mit dem Pesto anrichten und mit Pfeffer bestreuen.

Seeteufel mit Koriander-Senfkorn-Kruste und Sesambohnen

Kruste

40 g Koriander, gehackt
20 g Pfefferminze, gehackt
30 g Petersilie, gehackt
2 TL Senfkörner
175 g Weissbrotbrösel, frisch gerieben
80 g Gruyère, gerieben
120 g weiche Butter
2 Knoblauchzehen, gehackt

4 Seeteufelmedaillons (à 120 g)
Salz und Pfeffer aus der Mühle
1 EL Olivenöl

Sesambohnen

200 g grüne Bohnen, geputzt
2 EL schwarzer Sesam, trocken geröstet
1 EL Zucker
1 EL japanischer Reisweinessig
1 EL Sojasauce
1 TL Sesamöl

Für die Kruste alle Zutaten zusammen im Cutter mixen. Zu einem Teig ausrollen und in der Grösse der Seeteufelmedaillons zurechtschneiden. Im Kühlschrank oder Tiefkühler aufbewahren.

Die Bohnen in Salzwasser bissfest blanchieren. In Eiswasser abschrecken und der Länge nach halbieren.

Den Sesam mörsern und mit den restlichen Zutaten mischen. Die Bohnen mit der Marinade vermengen.

Die Seeteufelmedaillons mit Salz und Pfeffer würzen und von beiden Seiten im heissen Olivenöl kurz anbraten. Im 80 Grad heissen Ofen 10 Minuten ruhen lassen. Die vorbereitete Kruste auf die Seeteufelmedaillons legen und im Backofen unter dem Grill goldbraun gratinieren. Auf den Sesambohnen anrichten.

Eintopf mit grünem Curry, Rindsfilet und Thaigemüse

600 ml Kokosmilch
1 EL grüne Currypaste
2 EL Thai-Fischsauce
200 ml Gemüsefond
2 EL Korianderblätter

200 g grüner Thaispargel
200 g kleine Thaiauberginen
100 g Babymais
2 Frühlingszwiebeln
1 EL Erdnuss- oder Sonnenblumenöl

600 g Rindsfilet, in 3 × 3 cm grosse Würfel geschnitten
1 EL Sonnenblumenöl
Salz und Pfeffer aus der Mühle
1 Handvoll Sojasprossen
1 EL Korianderblätter

100 ml Kokosmilch einkochen, bis fast die ganze Flüssigkeit verdampft und nur noch das Kokosfett übrig ist. Die Currypaste hinzufügen und unter ständigem Rühren 1 Minute dünsten. Die Fischsauce, die restliche Kokosmilch und den Gemüsefond dazugeben und bei mittlerer Hitze 15 Minuten köcheln lassen, bis eine leicht dickflüssige Sauce entstanden ist. Die Korianderblätter hinzufügen und die Sauce mixen.

Das Gemüse mundgerecht schneiden und in einer Pfanne im heissen Öl andünsten. Mit der Sauce ablöschen und aufkochen lassen.

Das Fleisch würzen und im heissen Öl rundherum kurz anbraten. Unter das Gemüse mischen und mit Sojasprossen und Korianderblättern bestreut servieren.

Lachs-Sashimi-Salat mit Tamarinden-Vinaigrette

400 g Lachsfilet, ohne Haut

Vinaigrette

1 EL Tamarindenpaste
1 EL Zucker
2 Limetten, Saft
1 roter Chili, entkernt und gewürfelt
1 kleines Stück Ingwer (1 cm), gerieben
2 EL Ketjap Manis (indonesische Sojasauce)
1 EL Sesamöl
1 EL Chiliöl
½ Stengel Zitronengras, fein gehackt

1 Karotte
1 Pfälzer Karotte
½ Rettich
1 Bund Koriander, Blätter abgezupft

Den Lachs in dünne Scheiben schneiden und kalt stellen.

Alle Zutaten für die Vinaigrette verrühren und 30 Minuten ziehen lassen.

Die Karotten und den Rettich schälen und längs in sehr feine Scheiben hobeln. 10 Minuten in Eiswasser legen, dann abgiessen und trockenschütteln. Das Gemüse mit dem Lachs und dem Koriander in eine Schüssel geben und mit der Vinaigette vermengen.

Tipp

Durch das Einlegen in Eiswasser wird das Gemüse schön knackig und rollt sich dekorativ auf.

Zitronengras

Ursprünglich in Asien heimisch und in der dortigen Küche seit je unverzichtbar, hat Zitronengras vor einigen Jahren als »Modegewürz« auch bei uns Einzug gehalten und ist heute weltweit verbreitet. Es ist ein typisches Kraut der »Crossover-Küche«.

Bei meinem kürzlichen Besuch in Vietnam war ich fasziniert von den üppig wuchernden Zitronengrasbüschen, die als Zaun den Hotelgarten säumten. Ein wunderbares Bild!

Wenn man Zitronengras schneidet oder mit dem Messerrücken klopft, um die Fasern zu lockern, damit die ätherischen Öle sich besser freisetzen, entsteigt den Stengeln ein zitronig-ingwerähnliches Aroma. Dies ist für mich jedes Mal von neuem eine Wohltat und schon fast eine Therapie. Es weckt und belebt.

Zitronengras gehört zu den Zutaten, die ich wegen ihrer speziellen Konsistenz gerne schneide. Es entsteht dabei ein ganz besonderes, ganz eigenes Geräusch – fast könnte man von einem "akustischen Geschmack" sprechen.

Zitronengras liebe ich vor allem in Suppen und zu Meeresfrüchten. Aber auch Desserts gibt es eine besonders würzige Frische.

Zitronengrasmarinade

4 Stengel Zitronengras, sehr fein gehackt
2 Knoblauchzehen, sehr fein gewürfelt
2 EL Thai-Fischsauce
2 EL Sesamöl
1½ TL Garam Masala
2 EL Honig
1 Bund Koriander, gehackt

Alle Zutaten gut miteinander vermischen.

Die Marinade eignet sich für Fleisch oder Fisch – diese etwa 1 Stunde darin marinieren, dann herausheben und braten oder grillen –, ebenso für Nudel- oder Reisgerichte.

Tafelspitz mit Zitronengrasvinaigrette und Gemüsepickles

Pickles
300 ml Weissweinessig
600 ml Wasser
200 g Zucker
1 Sternanis
5 Kardamomkapseln
2 EL geriebener Ingwer
2 rote Peperoni (Paprika)
1 Rettich
1 Gurke
2 Karotten
2 Pfälzer Karotten

Tafelspitz
1 kg Tafelspitz
1½ l Fleischfond
3 Stengel Zitronengras, grob geschnitten
10 Zweige Koriander
5 Kaffirlimettenblätter
5 cm Ingwer, geschält und in Scheiben geschnitten
1 Chilischote, halbiert

Vinaigrette
3 Stengel Zitronengras, äussere Blätter entfernt, Inneres gehackt
1 TL Sushi-Ingwer, gehackt
2 kleine Schalotten, fein gewürfelt
3 EL Zitronensaft
½ unbehandelte Zitrone, abgeriebene Schale
3 EL Sonnenblumenöl
Salz und Pfeffer aus der Mühle

Für die Pickles Essig, Wasser, Zucker, Sternanis, Kardamom und Ingwer aufkochen und 5 Minuten ziehen lassen. Das Gemüse in feine Streifen schneiden bzw. hobeln, in vorgewärmte Einmachgläser füllen und mit dem kochenden Sud übergiessen. Die Gläser verschliessen und nach dem Erkalten im Kühlschrank aufbewahren. Jeden Tag einmal umdrehen. Nach 7 Tagen ist das Gemüse genussbereit.

Den Tafelspitz in kochendem Wasser kurz blanchieren und kalt abschrecken. Anschliessend mit dem kalten Fleischfond und den übrigen Zutaten zum Kochen bringen. Die Hitze reduzieren und rund 1½ Stunden köcheln lassen; dabei den Schaum regelmässig abschöpfen. Den Tafelspitz im Sud erkalten lassen. Zum Servieren in 1 cm dicke Scheiben schneiden und im Sud kurz erwärmen.

Alle Zutaten für die Vinaigrette gut verrühren und abschmecken. Den Tafelspitz mit der Vinaigrette beträufeln und die Gemüsepickles dazu anrichten.

Zitronengrassuppe mit Bärenkrebs-Maultaschen und Riesencrevetten

Suppe

4 Stengel Zitronengras, gequetscht
1 EL Sonnenblumenöl
3 cm Ingwer, geschält, gehackt
2 Knoblauchzehen, gerieben oder sehr fein gewürfelt
2 Chilischoten, entkernt, fein gehackt
6 Kaffirlimettenblätter
800 ml Fisch- oder Krustentierfond
100 ml Kokosmilch
4 EL Thai-Fischsauce
4 EL Limettensaft
2 EL brauner Zucker

Maultaschen

6 Bärenkrebse, aus der Schale gelöst, Darm entfernt
1 EL fein gewürfelter Ingwer
1 EL fein gewürfeltes Zitronengras
1 EL fein geschnittener Schnittlauch
1 EL entkernte, fein gewürfelte Chili
1 TL Thai-Fischsauce

8 Wantan-Teigblätter
1 Eiweiss zum Bestreichen
8 Riesencrevetten, geschält und Darm entfernt

Das Zitronengras in etwas Öl andünsten. Ingwer, Chili, Knoblauch und Kaffirlimettenblätter dazugeben und mit dem Fond ablöschen. Aufkochen und etwa 30 Minuten ganz leicht köcheln lassen. Die Suppe durch ein feines Sieb passieren. Kokosmilch, Fischsauce, Limettensaft und braunen Zucker dazugeben.

Die Bärenkrebse fein hacken. Die übrigen Zutaten daruntermischen. Auf die Wantan-Blätter jeweils etwas Füllung geben, den Rand mit Eiweiss bestreichen, zur Hälfte zu kleinen rechteckigen Ravioli zusammenschlagen und den Rand festdrücken.

Die Wantans zusammen mit den Riesencrevetten in ein Bambusdämpfkörbchen setzen und etwa 3 Minuten dämpfen oder in der Suppe gar ziehen lassen. In der Suppe servieren.

Jakobsmuscheln am Zitronengrasspiess mit Verveine-Kartoffelpüree und Salsa verde

Für 6 Personen

Kartoffelpüree

1/8 l Vollmilch
4 EL frische Verveineblätter (Eisenkraut)
1 kg mehlige Kartoffeln, geschält, in grössere Stücke geschnitten
100 g Butter
4 EL Rahm
½ unbehandelte Limette, abgeriebene Schale und Saft
Salz und Pfeffer aus der Mühle

Salsa verde

3 Stengel Zitronengras, äussere Blätter entfernt, Inneres fein gehackt
1 Knoblauchzehe, gewürfelt
4 Sardellenfilets
½ TL Zucker
1 Handvoll Basilikumblätter, fein geschnitten
1 Handvoll Petersilienblätter, fein geschnitten
1 Handvoll Korianderblätter, fein geschnitten
2 EL weisser Balsamicoessig
6 EL Olivenöl

12 grosse Jakobsmuscheln
6 Stengel Zitronengras
1 TL Olivenöl

Für das Kartoffelpüree die Milch aufkochen und die Verveineblätter 20 Minuten darin ziehen lassen.

Die Kartoffeln in kaltem Wasser aufsetzen, leicht salzen und zum Kochen bringen. Die Hitze reduzieren und die Kartoffeln weich kochen. Abgiessen, gut abtropfen lassen, durchpassieren und die Butter mit einem Holzlöffel darunterrühren. Die Verveinemilch durch ein Sieb passieren und nach und nach unter das Kartoffelpüree rühren. Zum Schluss Rahm, Limettensaft und abgeriebene Limettenschale dazugeben. Mit Salz und Pfeffer abschmecken.

Für die Salsa verde das Zitronengras mit Knoblauch, Sardellenfilets und Zucker im Mörser zu einer feinen Paste verarbeiten. Die Kräuter und den Essig dazugeben und ebenfalls mörsern. Zum Schluss das Olivenöl darunterrühren und mit Salz und Pfeffer würzen.

Je 2 Jakobsmuscheln auf einen Zitronengrasstengel stecken und würzen. Im heissen Öl von jeder Seite etwa 30 Sekunden goldbraun braten. Mit dem Kartoffelpüree und der Salsa verde anrichten.

Zitronengras-Pannacotta mit Passionsfruchtsalsa

Pannacotta

350 ml Rahm
150 ml Kokosmilch
40 g Zucker
1 Vanilleschote
2 Stengel Zitronengras, äussere Blätter entfernt, Inneres fein gehackt
2 Blatt Gelatine, kurz in kaltem Wasser eingeweicht

Passionsfruchtsalsa

6 Passionsfrüchte
2 EL Honig
½ unbehandelte Zitrone, abgeriebene Schale und Saft
1 Vanilleschote

Rahm und Kokosmilch mit dem Zucker, dem herausgekratzten Vanillemark und dem fein gehackten Zitronengras in einen Topf geben und erhitzen. Kurz bevor es zu kochen beginnt vom Herd nehmen und die ausgedrückte Gelatine darunterrühren. 10 Minuten ziehen lassen, dann durch ein feines Sieb passieren und in Gläser abfüllen. Im Kühlschrank 3–4 Stunden fest werden lassen.

Für die Salsa die Passionsfrüchte halbieren und mit einem Löffel das Fruchtfleisch herauslösen. Zusammen mit Honig, Zitronenschale und -saft sowie dem ausgekratzten Vanillemark aufkochen und 5 Minuten köcheln lassen.

Erkalten lassen. Dann auf die Zitronengras-Pannacotta geben und diese im Glas servieren.

Kreuzkümmel

Ursprünglich im alten Ägypten heimisch, ist Kreuzkümmel heute auf der ganzen Welt verbreitet. Kennen gelernt habe ich das Gewürz während meiner Zeit in London in indischen Restaurants und Gewürzläden. Nicht von ungefähr, denn es spielt vor allem in der indischen und orientalischen Küche eine wichtige Rolle.

Kreuzkümmel ist mein Lieblingsgewürz schlechthin – er schmeckt für mich nach Orient, Ferne und Wärme. Er ist der ideale Begleiter zu allen Hülsenfrüchten, die ich ebenfalls sehr liebe. Gut passt sein Aroma, das von süss über erdig bis bitter reicht, aber auch zu den verschiedensten Gemüsesorten, zu Fleisch und Fisch.

Man unterscheidet drei Sorten: weissen, braunen und schwarzen Kreuzkümmel. Kreuzkümmel sollte immer frisch gemahlen werden.

Übrigens: Ein Tee mit Honig und Kreuzkümmel hilft wunderbar bei Erkältungen. Ein Berufskollege und guter Freund von mir teilt meine Leidenschaft für Kreuzkümmel, und ich freue mich immer sehr, für ihn zu kochen – natürlich mit einer extra Prise Kreuzkümmel!

Indisches Gewürzöl

1 grosse rote Chili
1 EL Kreuzkümmel
1 EL schwarze Senfkörner
1 EL Kardamomkapseln
¼ l Rapsöl

Die Chilischote der Länge nach aufschneiden und die Kerne herauslösen. Mit den Gewürzen in 3 EL Öl andünsten. Dann das restliche Öl dazugiessen, in eine saubere Flasche füllen und verschliessen.

Das Gewürzöl eignet sich gut zum Marinieren von Fisch und Fleisch ebenso wie für Gemüse und Salate.

Fenchel-Pulpo-Salat mit Orangen und Kreuzkümmel-Teriyaki-Vinaigrette

1 Pulpo, ca. 500 g
200 ml Olivenöl
4 Rosmarinzweige
2 Knoblauchzehen
2 Lorbeerblätter
3 kleine rote Chilis
½ TL grobes Meersalz
½ TL Fenchelsamen

2 Fenchelknollen, geschält und fein gehobelt
2 Orangen, filetiert
1 rote Zwiebel, in feine Ringe geschnitten

Vinaigrette
1 Knoblauchzehe, sehr fein gewürfelt
1 unbehandelte Orange, abgeriebene Schale
3 EL Reisweinessig oder Sherryessig
½ TL Kreuzkümmelsamen, geröstet und grob gemahlen
1 EL marinierter Sushi-Ingwer, fein gehackt
3 EL Teriyakisauce
½ rote Chili, fein gewürfelt
1 TL Zucker

4 EL Olivenöl
1 EL Sesamöl

Den Pulpo in kochendes Wasser geben und einmal aufkochen lassen. Das Olivenöl, die Kräuter und die Gewürze in einen Topf geben und den Pulpo hineinlegen. Den Topf mit einem nassen Küchentuch bedecken und den Deckel auflegen. Im Backofen bei 180 Grad 1 Stunde schmoren lassen.

Den Pulpo herausnehmen und in Scheiben schneiden. Mit Fenchel, Orangen und Zwiebeln mischen.

Für die Vinaigrette alle Zutaten ausser dem Öl gut vermischen, dann das Olivenöl und das Sesamöl darunterschlagen. Den Salat kurz vor dem Servieren mit der Vinaigrette mischen.

Gelbe Linsensuppe mit Kreuzkümmeljoghurt und Perlhuhnklösschen

Suppe

3 TL Kreuzkümmelsamen
2 TL Koriandersamen
3 EL Sesamöl
1 TL Kurkuma
2 Karotten, geschält und geraspelt
2 rote Zwiebeln, fein gewürfelt
3 Knoblauchzehen, fein gewürfelt
2 EL fein gehackter Ingwer
1 rote Chili, fein gewürfelt
300 ml Kokosmilch
1,4 l Gemüsefond
150 g rote Linsen
2 EL Thai-Fischsauce
6 EL Limettensaft

Klösschen

2 Perlhuhnbrüste, ohne Haut und Knochen
2 Knoblauchzehen, gerieben
½ TL gemahlener Kreuzkümmel
½ rote Chili, entkernt, fein gewürfelt
1 Eigelb
2 EL Koriander, fein geschnitten
1 TL Limettensaft
Salz und Pfeffer aus der Mühle

Joghurt:

4 EL Apfelsaft
½ TL gemahlener Kreuzkümmel
1 Prise gemahlener Chili
1 Prise Salz
1 TL Honig
150 g Joghurt nature
3 EL Korianderblätter, fein geschnitten
Pappadums (indisches Linsenbrot)

Kreuzkümmel und Koriander in einer trockenen Pfanne rösten. Abkühlen lassen und im Mörser fein zerreiben. Das Sesamöl in einem Topf erhitzen und den Kurkuma darin kurz andünsten. Karotten, Zwiebeln, Knoblauch, Ingwer und Chili dazugeben und unter ständigem Rühren 5 Minuten anbraten. Den gemörserten Kreuzkümmel und Koriander dazugeben und mit Kokosmilch und Gemüsefond aufgiessen. Zum Kochen bringen und die Linsen hinzugeben. Bei mittlerer Hitze etwa 25 Minuten kochen, bis die Linsen weich sind.

In der Zwischenzeit alle Zutaten für die Klösschen im Cutter pürieren und abschmecken. Mit eingeölten Händen daraus kleine Klösschen formen und diese in der fertigen Suppe 5 Minuten köcheln lassen. Zuletzt die Suppe mit Fischsauce und Limettensaft abschmecken.

Für den Kreuzkümmeljoghurt den Apfelsaft mit den Gewürzen und dem Honig auf die Hälfte einkochen. Abkühlen lassen und mit dem Joghurt vermischen.

Etwas vom Kreuzkümmeljoghurt auf jede Suppenportion geben und mit Kreuzkümmel aus der Mühle und Korianderblättern garnieren. Frittierte Pappadums dazu reichen.

Gewürzthunfisch mit Randen-Carpaccio und gegrilltem Kreuzkümmel-Fladenbrot

400 g frischer Thunfisch
50 g brauner Zucker
150 ml Wasser
1 EL Thai-Fischsauce
1 EL süsse Chilisauce
je ½ TL Korianderkörner, Kreuzkümmel und Anis
1 Knoblauchzehe, gerieben
1 cm Ingwer, geschält und gerieben
1 TL Rotweinessig

1 TL Öl
Fleur de Sel

Randen-Carpaccio

2 Randen (Rote Bete), geschält und in dünne Scheiben gehobelt
200 ml Wasser
200 ml Rotweinessig
200 g Zucker
1 cm Ingwer, geschält und in Scheiben geschnitten
je 1 TL Senf- und Pfefferkörner
150 g Sauerrahm
Salz und Pfeffer aus der Mühle

Fladenbrot

2 TL Kreuzkümmelsamen, grob gemörsert
125 ml kaltes Wasser
250 g Joghurt nature
2 TL Trockenhefe
200 g Weissmehl
1 TL Salz
30 ml Sonnenblumenöl
350 g Dinkelmehl
Sonnenblumenöl zum Grillen

Für das Fladenbrot den Kreuzkümmel in einer Pfanne trocken rösten, mit dem Wasser ablöschen und aufkochen. Mit den restlichen Zutaten zu einem glatten Teig verarbeiten und abgedeckt 30 Minuten ruhen lassen. Zu Kugeln formen und diese 4 mm dick ausrollen.

Den Thunfisch längs vierteln, sodass man vier Stränge erhält. Den Zucker schmelzen, das Wasser dazugiessen, aufkochen und 10 Minuten köcheln lassen. Die restlichen Zutaten dazugeben und weitere 5 Minuten köcheln lassen. In eine Schüssel umfüllen, erkalten lassen und den Thunfisch darin 1 Stunde marinieren.

Inzwischen für das Randen-Carpaccio Wasser, Essig, Zucker, Ingwer, Senf- und Pfefferkörner zusammen aufkochen und die Randenscheiben dazugeben. Vom Herd nehmen und im Sud erkalten lassen. Dann die Randenscheiben auf den Tellern auslegen.

Den Sauerrahm mit 2 EL der Marinade verrühren, mit Salz und Pfeffer abschmecken.

Das Öl in einer beschichteten Pfanne erhitzen und den Thunfisch sehr kurz von allen Seiten anbraten. In Scheiben schneiden und auf dem Randen-Carpaccio anrichten. Mit Fleur de Sel bestreuen.

Die Brotfladen mit Sonnenblumenöl bepinseln und in der heissen Grillpfanne auf jeder Seite 1 Minute backen. Zusammen mit dem Sauerrahm dazu reichen.

Tipp

Man kann das Fladenbrot auch aufschneiden, mit Thunfisch, Randen und Sauerrahm füllen und als »Sandwich« servieren.

Knusperlasagne mit Kreuzkümmeltomaten, Ziegenkäse und Tomatenhonig

Kreuzkümmeltomaten

2 EL Olivenöl
1 rote Zwiebel, fein gewürfelt
½ TL Kreuzkümmelsamen, leicht gemörsert
1 Msp. Kurkumapulver
1 Prise Zimtpulver
100 ml weisser Portwein
750 g Tomaten, geschält, entkernt und gewürfelt
1 EL brauner Zucker
Salz und Pfeffer aus der Mühle

Tomatenhonig

200 ml Tomatensaft
1 Msp. Kreuzkümmel, gemahlen
1 Prise Cayennepfeffer
1 Prise Zimt
4 EL Honig
1 EL Zitronensaft

Lasagne

400 g Ziegenkäse
8 Wantan-Teigblätter
1 Eiweiss, gut verquirlt
Öl zum Frittieren

Für die Kreuzkümmeltomaten das Olivenöl in einer Pfanne erhitzen und die Zwiebelwürfel darin weich dünsten. Kreuzkümmel, Kurkuma und Zimt dazugeben und kurz mitdünsten. Dann den Portwein beifügen und auf die Hälfte einkochen. Die Tomatenwürfel hinzufügen, mit dem Zucker bestreuen, mit Salz und Pfeffer würzen und 10 Minuten köcheln lassen, bis die Flüssigkeit stark reduziert ist.

Für den Tomatenhonig alle Zutaten in einem Topf etwa 10 Minuten auf die Hälfte einkochen.

Für die Lasagne den Ziegenkäse in ½ cm dicke Scheiben schneiden. Die Wantan-Teigblätter halbieren, mit Eiweiss bestreichen, leicht salzen und im 180 Grad heissen Öl knusprig goldgelb frittieren. Auf Küchenpapier abtropfen lassen.

Die frittierten Wantan-Blätter pro Schicht mit 1 EL Kreuzkümmeltomaten und dem Ziegenkäse aufschichten. Mit dem Tomatenhonig und etwas Kreuzkümmel aus der Mühle garnieren.

Wasabi

Das japanische Gewürz Wasabi wird aus den Wurzeln der gleichnamigen Pflanze gewonnen; diese werden getrocknet und zu Pulver oder Paste verarbeitet, die auch bei uns erhältlich sind. Bekannt wurde Wasabi vor allem als scharf würzende Beigabe zu Sushi und Sashimi. Ich habe den zart hellgrünen Scharfmacher während meines Aufenthalts in London kennen und lieben gelernt, wo ich häufig Sushibars besuchte – Sushi sind heute noch eine meiner Lieblingsspeisen.

Wasabi ähnelt in Geschmack und Schärfe unserem Meerrettich, ist aber um einiges intensiver. Er verleiht den Speisen eine sehr aromatische Schärfe und Frische und passt für meinen Geschmack vor allem zu Fisch, Salaten und Gemüse. Sehr gerne verwende ich Wasabi auch in Vinaigrettes und Saucen.

Wasabipesto

2 EL Basilikumblätter, geschnitten
2 EL Korianderblätter, geschnitten
8 EL Olivenöl
1 TL Sesamöl
1–2 TL Wasabipaste
1 TL Reisessig
½ Knoblauchzehe
1 EL geröstete Cashewnüsse, gehackt

Alle Zutaten zusammen mixen.

Der Wasabipesto passt gut zu gegrilltem Fisch, Meeresfrüchten, rohem Thunfisch, gebratenen Asianudeln und als Würze auf Suppen.

Sushi im Glas mit Wasabimousse, Thunfisch, Gurke und Sojagelee

Sojagelee
100 ml Sojasauce
100 ml Wasser
3 Gelatineblätter, kurz in kaltem Wasser eingeweicht

Wasabimousse
100 g Sauerrahm
1 Blatt Gelatine, kurz in kaltem Wasser eingeweicht
2 EL Wasabipaste
200 g halbsteif geschlagener Rahm
Salz und Cayennepfeffer
1 Spritzer Limettensaft

Sushireis
100 g Sushireis
120 ml Wasser
1 EL Reisessig
1 EL Zucker
1 TL Salz
3 EL rosa Sushi-Ingwer, fein gehackt

Gurke
1 Salatgurke, sehr fein gewürfelt
2 EL Thai-Fischsauce
2 EL süsse Chilisauce

Thunfisch
300 g Thunfisch, in feine Würfel geschnitten
2 EL Sojasauce
½ unbehandelte Limette, fein abgeriebene Schale
1 kleine grüne Chili, fein gewürfelt
1 TL Olivenöl

Für das Sojagelee Sojasauce und Wasser erwärmen und die ausgedrückte Gelatine darin auflösen. Ein Blech mit Folie auslegen, das Gelee daraufgiessen und im Kühlschrank 4 Stunden durchkühlen lassen. Dann durch eine Kartoffelpresse drücken oder durch ein grobes Sieb streichen; es sollte grobkörnig sein.

Für die Wasabimousse den Sauerrahm unter Rühren erhitzen und die ausgedrückte Gelatine darin auflösen. Die Wasabipaste einrühren und die Mischung kalt stellen. Sobald die Masse zu gelieren beginnt, den Rahm darunterziehen und mit Salz, Cayennepfeffer und Limettensaft abschmecken.

Den Sushireis waschen, abtropfen lassen und mit dem Wasser aufkochen. Einen Deckel auflegen und die Herdplatte ausschalten. Den Reis 20 Minuten quellen lassen, dann den Topf vom Herd nehmen und weitere 10 Minuten ruhen lassen. Inzwischen den Essig mit Zucker und Salz erwärmen. Den Reis in eine weite Schüssel umfüllen und die Essigmischung vorsichtig darunterrühren, zuletzt den gehackten Ingwer dazugeben.

Die Gurkenwürfel mit der Thai-Fischsauce und der Chilisauce marinieren.

Den Thunfisch mit allen Zutaten mischen.

In Portionengläser jeweils eine Schicht Reis füllen. Mit Sojagelee bedecken und darauf Gurke, Thunfisch und zuletzt das Mousse schichten.
Mit schwarzem Sesam bestreuen und nach Belieben mit einem Algencracker (siehe Tipp) servieren.

Tipp
Für die Cracker 1 Brikteigblatt in Dreiecke schneiden und diese mit weicher Butter bestreichen. Je 1 Teelöffel Sesam und gemahlene Algenblätter sowie Fleur de Sel und rosa Pfeffer darauf verteilen und bei 180 Grad im Ofen etwa 7 Minuten backen.

Erbsen-Wasabi-Suppe mit Karottenschaum und Tintenfisch-Reis-Bällchen

Suppe
2 Frühlingszwiebeln, fein geschnitten
1 EL Öl
½ l Gemüsefond
400 ml Rahm
Salz und Pfeffer aus der Mühle
500 g Erbsen
2 EL Wasabipaste (oder nach Belieben mehr)

Karottenschaum
200 ml Karottensaft
200 ml Rahm
1 Prise Cayennepfeffer
Salz

Tintenfisch-Reis-Bällchen
180 g Tintenfisch (Calamari-Tuben)
180 g Sushireis, gekocht (siehe Seite 142)
1 EL Kichererbsenmehl
1 EL Sojasauce
1 EL eingelegter Ingwer, gehackt
1 EL Wasabipaste
½ unbehandelte Limette, abgeriebene Schale
2 EL Kichererbsenmehl
1 Ei, verklopft
3 EL geröstete, gehackte Erdnüsse, mit 3 EL japanischen Brotbröseln oder frischen Weissbrotbröseln (Mie de Pain) vermischt
Öl zum Frittieren

Die Frühlingszwiebeln im heissen Öl kurz andünsten. Gemüsefond und Rahm dazugiessen, würzen und 3 Minuten kochen lassen. Die Erbsen dazugeben, aufkochen und weitere 5 Minuten köcheln lassen. Den Wasabi beifügen, die Suppe mixen und durch ein feines Sieb passieren.

Für den Karottenschaum alle Zutaten verrühren, in einen Rahmbläser füllen und kalt stellen.

Für die Tintenfisch-Reis-Bällchen den Tintenfisch im Cutter pürieren, mit Reis, Kichererbsenmehl, Sojasauce, Ingwer, Wasabi und Limettenschale vermengen. Aus der Masse baumnussgrosse Bällchen formen. Jedes zuerst im Kichererbsenmehl, dann im Ei und zuletzt in den Erdnuss-Brot-Krümeln wälzen. Die Bällchen im heissen Öl goldbraun frittieren und auf Küchenpapier abtropfen lassen.

Die Erbsensuppe in 4 Gläser verteilen, den Karottenschaum daraufspritzen und die Tintenfisch-Reis-Bällchen, nach Belieben auf einen Spiess gesteckt, dazu anrichten.

Wasabirisotto mit Zanderpiccata und grünem Tomatenchutney

Grünes Tomatenchutney

1 kg grüne (nicht ganz ausgereifte) Tomaten, entkernt und gewürfelt
1 Zwiebel, fein gewürfelt
1 Knoblauchzehe, fein gewürfelt
1 grüne Chili, entkernt, fein gewürfelt
200 ml Weissweinessig
100 g Zucker
1 unbehandelte Orange, abgeriebene Schale und Saft
½ TL Kurkuma
2 Sternanis
1 Prise Zimt
½ TL braune Senfkörner
3 EL Olivenöl
3 EL Rosinen

Risotto

2 EL Olivenöl
2 Schalotten, fein gewürfelt
1 Knoblauchzehe, fein gewürfelt
200 g Risottoreis (Carnaroli)
100 ml Sake
450 ml Gemüsefond
2 EL Butter
4 EL Parmesan, frisch gerieben
2 EL Wasabipaste
2 EL Limettensaft
Salz und Pfeffer aus der Mühle

Zanderpiccata

400 g Zanderfilets, ohne Gräten und Haut
2 Eier
3 EL Parmesan, frisch gerieben
1 Prise Cayennepfeffer
1 EL Sesam, geröstet
½ TL gemahlene Nori-Algenblätter
3 EL Mehl
2 EL Olivenöl

Alle Zutaten für das Chutney in einem Topf zum Kochen bringen und 1 Stunde köcheln lassen, dabei ab und zu umrühren. Abkühlen lassen, in Einmachgläser füllen und im Kühlschrank aufbewahren.

Für den Risotto das Olivenöl erhitzen, die Schalotten, den Knoblauch und den Risottoreis darin 1 Minute glasig dünsten. Sake und Gemüsefond dazugiessen und bei geringer Temperatur etwa 18 Minuten köcheln lassen, dabei ab und zu umrühren. Zum Schluss die Butter, den Käse und die Wasabipaste darunterrühren. Mit Limettensaft, Salz und Pfeffer abschmecken.

Die Zanderfilets in 4 Stücke schneiden und mit Salz und Pfeffer würzen. Die Eier mit Parmesan, Cayennepfeffer, Sesam, den gemahlenen Noriblättern und 1 EL Mehl gut verrühren. Den Fisch mit dem restlichen Mehl bestäuben und durch die Ei-Parmesan-Mischung ziehen. Im heissen Olivenöl goldbraun braten. Mit dem Risotto und dem Tomatenchutney anrichten.

Norigebratene Kaninchenfilets mit Wasabi-Krautsalat und Wasabi-Aïoli

Wasabi-Krautsalat

1 kleiner Weisskohl, fein gehobelt
1 kleine Karotte, in feine Streifen geschnitten
1 Frühlingszwiebel, in feine Streifen geschnitten
3 EL Thai-Fischsauce
2 EL Reisessig
1 Knoblauchzehe, fein gerieben
1 grüne Chili, fein gewürfelt
1 TL brauner Zucker
1 EL Wasabipaste
1 EL Sonnenblumenöl

Aïoli

2 Eigelb
3 EL Limettensaft
1 TL Zucker
1 EL Wasabipaste
1 Knoblauchzehe, fein gerieben
120 ml Erdnussöl
Salz und Pfeffer aus der Mühle

Kaninchenfilets

1 EL Sesam
½ TL Fleur de Sel
1 TL rosa Pfeffer
1 Nori-Algenblatt, im Cutter fein gemahlen
4 EL japanische Brotbrösel
4–6 Kaninchenfilets
1 Eiweiss, leicht aufgeschlagen
Öl zum Braten

Für den Krautsalat die Gemüsezutaten in eine Schüssel geben. Alle weiteren Zutaten zu einem Dressing mischen und kurz erwärmen, bis sich der Zucker aufgelöst hat. Das Gemüse mit dem Dressing mischen und marinieren.

Für die Aïolisauce Eigelbe, Limettensaft, Zucker, Wasabi und Knoblauch mixen. Das Öl zuerst tropfenweise, dann in einem dünnen Strahl einarbeiten. Mit Salz und Pfeffer abschmecken.

Den Sesam mit dem Fleur de Sel und dem rosa Pfeffer mörsern oder im Cutter mahlen, mit dem gemahlenen Noriblatt und den Bröseln vermischen. Die Kaninchenfilets im Eiweiss wenden und mit der Bröselmischung panieren. Im heissen Öl ringsherum anbraten und anschliessend im 80 Grad heissen Ofen 5 Minuten ziehen lassen.

Die Kaninchenfilets schräg halbieren und auf dem Salat anrichten. Die Aïoli rund herum träufeln.

Safran

Ursprünglich stammt die Pflanze aus Persien; durch arabische Händler gelangte sie nach Spanien, das heute eines der Hauptanbauländer ist. In früheren Zeiten ein Symbol von Macht und Wohlstand, ist Safran auch heute noch das teuerste aller Gewürze. Der hohe Preis hat seinen Grund im geringen Ertrag und der aufwendigen Gewinnung: Aus den Blüten einer bestimmten Krokusart werden in mühsamer Handarbeit die roten Stempelfäden gezupft.

Da Farben in meiner Küche einen sehr hohen Stellenwert haben, ist Safran eines meiner Lieblingsaromen. Aber nicht nur seine Farbe, sondern auch sein Geschmack fasziniert mich. Er lässt sich gut sowohl mit Saurem, mit Scharfem wie mit Süssem kombinieren.

Safranfäden entwickeln ihr Aroma noch besser, wenn sie zuerst in einer Pfanne kurz trocken angeröstet werden. Dann mit wenig Wasser ablöschen und zum Gericht geben.

Jedes Mal, wenn ich meiner Tochter vorreime »Backe, backe Kuchen, der Bäcker hat gerufen. Wer will gute Kuchen backen, der muss haben sieben Sachen: Eier und Schmalz, Butter und Salz, Milch und Mehl, Safran macht den Kuchen gel …«, muss ich daran denken, dass ich noch nie einen Kuchen mit Safran gebacken habe.

Safran-Sherry-Glace

150 ml Sherryessig
5 EL Sherry
2 EL Honig
einige Safranfäden

Alle Zutaten bei mittlerer Hitze auf die Hälfte einkochen. In eine Spritzflasche füllen und im Kühlschrank aufbewahren.

Die Glace passt gut zu gebratenem Fisch und zu Jakobsmuscheln und dient als Garnitur, die dem Gericht eine säuerliche Geschmackskomponente gibt.

Safran-Feta-Börek mit Petersiliensalat und Orangenöl

Teig

100 g mehlige Kartoffeln, geschält und grob gewürfelt
200 g Mehl
50 ml Sonnenblumenöl
70 ml Milch
1 Eiweiss
1 TL Zucker
1 TL Salz
1 TL Backpulver

Füllung

160 g Feta, zerkrümelt
1 Ei
1 Prise Safranpulver
1 TL Honig
1 Prise Zimt
1 Prise Kreuzkümmel
½ unbehandelte Orange, abgeriebene Schale
Salz und Pfeffer aus der Mühle

1 Eigelb zum Bestreichen

Petersiliensalat

3 EL schwarze Oliven, entsteint und gehackt
3 Tassen glatte Petersilie, grob gehackt
1 rote Zwiebel, fein gewürfelt
1 EL Kapern, gehackt
4 Sardellenfilets, gehackt
½ unbehandelte Orange, abgeriebene Schale
1 EL Zitronensaft
6 EL Olivenöl
1 Orange, Filets ausgelöst, geviertelt

Orangenöl

300 ml frisch gepresster Orangensaft (von ca. 4 Orangen)
1 Knoblauchzehe, halbiert
Mark von ½ Vanilleschote
1 Msp. Safranpulver
¼ l Olivenöl

Die Kartoffeln in Salzwasser weich kochen und ausdampfen lassen. Durchpressen und mit den restlichen Zutaten zu einem geschmeidigen Teig verarbeiten. Bei Zimmertemperatur etwa 20 Minuten ruhen lassen.

Alle Zutaten für die Füllung vermischen und abschmecken.

Den Teig in 8 gleich grosse Portionen teilen und diese ½ cm dick länglich ausrollen. Die Füllung auf den Teigplatten verteilen, die Ränder hochklappen, sodass »Schiffchen« entstehen; seitlich festdrücken. Auf ein mit Backpapier belegtes Blech setzen und mit dem Eigelb bestreichen.

Die Börek im Ofen bei 180 Grad 15 Minuten goldbraun backen.

Alle Zutaten für den Salat verrühren und pikant abschmecken.

Für das Orangenöl den Orangensaft durch ein feines Sieb in einen Topf giessen. Zusammen mit Knoblauch, Vanillemark und Safran langsam sirupartig einkochen. Das Öl in den noch warmen Sirup einrühren.

Die Börek zusammen mit dem Petersiliensalat und dem Orangenöl anrichten.

Safran-Tintenfischsalat mit Papaya, Cherrytomaten und Chili-Zwiebel-Marmelade

Chili-Zwiebel-Marmelade

50 g grosse rote Chili
110 g rote Zwiebeln, in feine Streifen geschnitten
1 unbehandelte Zitrone, gewaschen, in dünne Scheiben geschnitten
65 g Zucker
225 ml Wasser
½ TL Salz
1 Knoblauchzehe, fein gerieben

Tintenfischsalat

250 g Calamari-Tuben, geputzt, ohne Kopf
1 TL Sojasauce
1 EL Kichererbsenmehl
1 Prise Kurkuma
1 Prise Chilipulver

2 Knoblauchzehen, fein gewürfelt
6 Zweige Koriander, fein geschnitten
1 TL Salz
1 Msp. Safranfäden
2 rote Chili, fein gewürfelt
2 EL Palmzucker
3 EL Thai-Fischsauce
6 EL Limettensaft
2 Schalotten, fein gewürfelt

½ Papaya, in feine Scheiben geschnitten
150 g Dattel- oder Cherrytomaten, in feine Scheiben geschnitten
1 EL Öl zum Braten

Für die Marmelade die Chili der Länge nach halbieren, entkernen und in feine Streifen schneiden. Mit den restlichen Zutaten in einem Topf mischen und 30 Minuten köcheln lassen. Dann die Zitronenscheiben entfernen und die Marmelade in ein Einmachglas füllen.

Die Calamari der Länge nach halbieren und die Unterseite rautenförmig einschneiden. Die Calamari anschliessend diagonal in 1 cm breite Streifen schneiden und mit der Sojasauce würzen.

Das Kichererbsenmehl mit den Gewürzen mischen.

Für das Dressing die Knoblauchzehen mit Koriander und Salz fein mörsern. Mit den übrigen Zutaten verrühren und 10 Minuten ziehen lassen. Die Tomaten- und Papayascheibchen vorsichtig darunterheben.

Die Calamaristreifen mit dem gewürzten Kichererbsenmehl vermischen und im heissen Öl in einer Pfanne etwa 1 Minute goldbraun braten. Direkt aus der Pfanne zum Salat geben und gut vermengen. Mit einem Löffel Marmelade darauf anrichten.

Orangengeschmorte Kalbshaxenscheiben mit Chermoula und Safran-Basmatireis

Kalbshaxen

4 Kalbshaxenscheiben
2 EL Mehl
Salz und Pfeffer aus der Mühle
3 EL Olivenöl
1 Zwiebel, fein gewürfelt
2 Knoblauchzehen, fein gewürfelt
1 Karotte, gewürfelt
2 EL Tomatenmark
1 unbehandelte Orange, geachtelt
150 ml Weisswein
¼ l Kalbsfond
½ Bund Salbei

Chermoula

3 rote Peperoni (Paprika), längs halbiert, entkernt
1 Knoblauchzehe
1 TL Salz
1 TL Safranfäden
1 TL Paprikapulver
1 TL zerstossene Koriandersamen
½ TL Zucker
2 Limetten, Saft
200 g Cherrytomaten, fein gewürfelt
1 EL Olivenöl

Basmatireis

600 ml Wasser
½ TL Salz
½ unbehandelte Zitrone, abgeriebene Schale und Saft
1 TL Safranfäden
2 EL Ghee oder Sonnenblumenöl
250 g Basmatireis, gründlich gewaschen und abgetropft

Die Kalbshaxenscheiben mit dem Mehl bestäuben und mit Salz und Pfeffer würzen. Das Olivenöl in einem Bräter erhitzen, die Kalbshaxenscheiben darin von beiden Seiten anbraten, herausnehmen. Im Bräter Zwiebel, Knoblauch und Karotte andünsten. Das Tomatenmark dazugeben und kurz mitrösten. Die Orangenschnitze dazugeben, mit Weisswein und Kalbsfond ablöschen und den Salbei beifügen. Die Kalbshaxenscheiben dazugeben und zugedeckt im Ofen bei 160 Grad 1½ Stunden schmoren.

Für die Chermoula die Paprikahälften auf ein Blech legen. Die Haut mit dem Olivenöl bepinseln und 10–15 Minuten auf höchster Stufe unter dem Backofengrill rösten, bis die Haut sehr dunkel ist. In eine Schüssel geben und diese sofort mit Klarsichtfolie abdecken. Nach 10 Minuten sind die Paprika abgekühlt und lassen sich gut schälen. Die Paprika fein hacken.

Den Knoblauch mit dem Salz im Mörser zu einer feinen Paste reiben. Mit den Gewürzen und dem Limettensaft vermischen. Die Cherrytomaten und die Paprika mit der Gewürzpaste und dem Olivenöl mischen.

Für den Basmatireis das Wasser mit Salz, Zitronenschale, Zitronensaft und Safranfäden aufkochen und 5 Minuten ziehen lassen. In einer grossen Pfanne Ghee oder Öl erhitzen, den Reis dazugeben und kurz andünsten. Mit dem Safran-Zitronenwasser aufgiessen, zum Kochen bringen. Einen Deckel auflegen und bei sehr niedriger Temperatur 10 Minuten garen. Den Reis mit einer Gabel auflockern.

Die Sauce von den Kalbshaxen durch ein feines Sieb passieren. Die Kalbshaxenscheiben mit der Chermoula und dem Basmatireis servieren.

Blutorangen-Safran-Sorbet mit Grandcru-Soufflé-glacé und Schokoladentuile

Sorbet

½ l frisch gepresster Blutorangensaft (von 6–7 Orangen)
1 unbehandelte Blutorange, abgeriebene Schale
½ TL Safranfäden, in 2 EL heissem Wasser eingeweicht
150 g Zucker

Schokoladen-Soufflé-glacé

450 g Grandcru-Schokolade (65 % Kakaogehalt)
4 EL Kakaopulver
100 g Butter, gewürfelt
6 EL brauner Rum
1 unbehandelte Orange, abgeriebene Schale und Saft
6 Eier, getrennt
3 Eigelb
100 g Zucker
4 Blatt Gelatine, kurz in kaltem Wasser eingeweicht
6 EL heisses Wasser
150 g Rahm, geschlagen

Tuiles

90 g Butter
150 g brauner Zucker
100 g Eiweiss
120 g Mehl
25 g Kakaopulver

Für das Sorbet den Orangensaft mit der Orangenschale und dem Safran mischen und 2 Stunden ziehen lassen. Durch ein feines Sieb passieren. Den Zucker dazugeben und in der Eismaschine gefrieren lassen.

Für das Soufflé glacé die Schokolade mit dem Kakao und der Butter über dem Wasserbad schmelzen und 5 Minuten leise köcheln lassen, dabei ab und zu gut umrühren. Vom Herd nehmen und den Rum, die Orangenschale und den Orangensaft einrühren.

Die Eigelbe mit dem Zucker über dem Wasserbad schaumig schlagen, bis die Masse dickflüssig ist. Die warme Schokoladenmischung dazurühren und alles in eine saubere Schüssel füllen. Die Gelatine ausdrücken und in dem heissen Wasser auflösen. Zur Masse geben und gut darunterrühren. Den geschlagenen Rahm darunterheben. Zuletzt die Eiweisse steif schlagen und vorsichtig darunterziehen. Die Masse in Förmchen oder Ringe füllen und tiefkühlen.

Für die Tuiles die Butter mit dem Zucker glattrühren, dann nach und nach das Eiweiss und das Mehl mit dem Kakaopulver darunterrühren. Im Kühlschrank 4 Stunden ruhen lassen. Den Teig mit Hilfe einer Schablone und mit einem Palettenmesser dünn auf eine Backmatte aufstreichen. Bei 170 Grad im vorgeheizten Ofen 7 Minuten backen.

Die Soufflé-glacé-Förmchen kurz unter fliessendes heisses Wasser halten und aus den Formen lösen. Zusammen mit den Tuiles und dem Sorbet anrichten. Nach Belieben mit Schokoladensirup (Seite 44) und frittierten Orangenzesten garnieren.

Zimt

Zimt ist eines der ältesten Gewürze überhaupt. Heute wird er vor allem in Sri Lanka angebaut.

Das Aroma von Zimt ist warm und sinnlich – der Inbegriff eines »Weihnachtsgeschmacks«. So sind denn auch meine frühesten Erinnerungen an dieses Gewürz Mutters Zimtsterne, die von allem Weihnachtsgebäck am begehrtesten und immer als erste weg waren. Später folgte eine lange Phase, in der ich Zimt vor allem in Form von Duftkerzen genossen habe, und erst danach entdeckte ich meine Leidenschaft für Zimt in der Küche und für seine vielfältigen Verwendungsmöglichkeiten, nicht nur für Süsses und Backwaren. In anderen Ländern kennt man diese Verwendung des Gewürzes schon länger: In der persischen und in der marokkanischen Küche ist Zimt eine beliebte Zutat zu Reisgerichten und Eintöpfen.

Für mich passt Zimt zu sehr vielem. Manchmal koche ich in einer Tomatensuppe kurz eine Zimtstange mit, oder ich gebe zur Abrundung des Geschmacks eine Prise Zimt zu Käsegerichten. Auch mit Meeresfrüchten jeglicher Art harmoniert Zimt nach meinem Geschmack besonders gut.

Cinnamon Spice Mix

2 EL Koriandersamen
2 EL Kreuzkümmelsamen
1½ EL Kardamomsamen, aus den Kapseln ausgelöst
1 EL Anissamen
2½ TL schwarze Pfefferkörner
3 EL Zimtpulver
3 EL getrocknete Rosenblütenblätter, fein gemörsert
1 EL Kurkuma
1 EL Ingwerpulver
1 TL Bockshornkleepulver
½ TL Nelkenpulver
½ TL Chilipulver

Die Koriander-, Kreuzkümmel-, Kardamom- und Anissamen sowie die Pfefferkörner separat in einer trockenen Pfanne bei mittlerer Hitze rösten, sodass sie ihr Aroma entfalten, aber nicht verbrennen. Im Mörser fein reiben. Dann sämtliche Zutaten mischen und luftdicht aufbewahren.

Diese Gewürzmischung gibt vielen Gerichten eine warm-würzige Note. Sie passt besonders gut zu Couscous, Fisch, Fleisch und Gemüse.

Zimt-Muschelsuppe mit knusprigem Kroepek-Muschelspiess

Muschelsuppe

2 EL Olivenöl
½ Sellerieknolle, geschält und gewürfelt
2 Zwiebeln, gewürfelt
2 Karotten, geschält und gewürfelt
4 Knoblauchzehen, fein gewürfelt
2 kg Moules (Miesmuscheln), unter fliessendem kaltem Wasser gründlich gewaschen
600 ml Weisswein
1 l Fisch- oder Gemüsefond
Salz und Pfeffer aus der Mühle
3 Zimtstangen
2 Zweige Thymian
1 l Rahm

Muschelspiesse

50 g Kroepek (frittierter Krabbensnack aus dem Asienladen)
1 TL rosa Pfeffer
2 Eiweiss
6 EL Sonnenblumenöl zum Braten

Das Öl in einem grossen Topf erhitzen. Das Gemüse darin 3 Minuten anbraten, dann die Muscheln dazugeben und mit dem Weisswein ablöschen. Einen Deckel auflegen und die Muscheln kochen, bis sie sich geöffnet haben; nicht geöffnete Muscheln wegwerfen. Zwei Drittel der Muscheln herausnehmen und abkühlen lassen. Dann aus den Schalen lösen.

Den Rest mit dem Fond aufgiessen, würzen, die Zimtstangen und den Thymian dazugeben. 10 Minuten köcheln lassen, dann den Rahm dazugiessen und weitere 15 Minuten bei mittlerer Temperatur einkochen lassen. Durch ein feines Sieb passieren und nochmals abschmecken.

Für die Muschelspiesse die Kroepek mit dem rosa Pfeffer im Mörser zerstossen. Das Eiweiss gut verquirlen.

Jeweils 4–5 der beiseitegestellten Muscheln auf einen Spiess stecken. Die Muschelspiesse erst im Eiweiss, dann in der Kroepekpanade wälzen. Im heissen Öl goldbraun braten. Herausnehmen, abtropfen lassen und mit der Suppe zusammen anrichten.

Lammtagine mit Zimt, Dörraprikosen, Cashews und Coucousfrittern

Lammtagine

4 EL Sonnenblumenöl
750 g ausgebeinte Lammkeule, in Würfel geschnitten (2,5 × 2,5 cm)
Salz und Pfeffer aus der Mühle
2 rote Zwiebeln, in feine Streifen geschnitten
2 Knoblauchzehen, fein gewürfelt
2 Zimtstangen (etwa 6 cm lang)
1 EL Ingwer, fein gehackt
einige Safranfäden
1,2 l Lamm- oder Gemüsefond, einreduziert

4 EL Honig
1 EL Zimtpulver
150 g Cashewnüsse, trocken geröstet
150 g Dörraprikosen, geviertelt

Couscousfritter

50 g Couscous
100 ml heisses Wasser
25 g Koriandergrün oder Petersilie
1 kleine Knoblauchzehe, gehackt
3 EL Olivenöl
½ TL gemahlener Kreuzkümmel
½ TL gemahlener Koriander
50 g Fetakäse, fein gewürfelt
2 EL Pinienkerne, trocken geröstet
2 Eier
150 g frische Weissbrotbrösel (Mie de Pain)
2 EL Mehl
Öl zum Frittieren

In einer Tagine oder einer grossen Kasserolle das Öl stark erhitzen. Das Lammfleisch würzen und darin goldbraun anbraten. Zwiebeln und Knoblauch dazugeben und mitbraten, bis sie ebenfalls goldbraun sind. Die Zimtstangen, den Ingwer und Safran dazugeben, gut vermischen und mit dem Fond ablöschen. Aufkochen und mit dem Deckel verschliessen. Im Ofen bei 160 Grad etwa 40 Minuten schmoren lassen bis das Fleisch weich ist. Abschmecken.

Für die Fritter den Couscous in eine grosse Schüssel geben und mit dem heissen Wasser übergiessen. 10 Minuten quellen lassen. Danach mit einer Gabel auflockern.

Koriander, Knoblauch, Olivenöl und Gewürze fein mixen. Mit Feta und Pinienkernen unter den Couscous mischen. Abschmecken und mit einem Ei und der Hälfte der Brotbrösel binden. Aus der Couscousmasse 12 kleine Bällchen formen und diese zuerst im Mehl, dann im Ei und in den restlichen Bröseln panieren. Im heissen Öl etwa 3 Minuten goldbraun ausbacken.

In einer Pfanne den Honig mit dem Zimtpulver erhitzen, die Aprikosen und die Cashewnüsse darin einige Minuten glasieren. Über das Fleisch geben und zusammen mit den Couscousfrittern servieren.

Soja-Zimt-glasiertes Hirschentrecôte mit geröstetem Kürbissalat und Schalotten-Ingwer-Vinaigrette

Hirschentrecôte
1 EL Sherry
2 EL Sojasauce
2 TL Salz
3 EL Zucker
½ TL Zimtpulver
500 g Hirschentrecôte
2 EL Olivenöl zum Braten

Kürbissalat
500 g Butternusskürbis, gewürfelt (1 × 1 cm)
2 EL Olivenöl
Salz und Pfeffer aus der Mühle
1 Rosmarinzweig

Vinaigrette
100 g Schalotten, fein gewürfelt
3 Knoblauchzehen, fein gewürfelt
2 EL Ingwer, fein gehackt
1 rote Chili, fein gewürfelt
200 ml Sonnenblumenöl
2 EL Sojasauce
2 EL Basamicoessig
2 EL süsse Chilisauce

Zimt-Balsamico-Garnitur
400 ml Balsamicoessig
2 EL Honig
1 Zimtstange
1 TL Haselnussöl

Den Sherry mit der Sojasauce und den Gewürzen verrühren, bis sich Salz und Zucker aufgelöst haben. Das Fleisch 1 Stunde darin marinieren. Aus der Marinade nehmen, im heissen Olivenöl anbraten und mit der restlichen Marinade glasieren. Im vorgeheizten Ofen bei 100 Grad 15 Minuten ziehen lassen.

Die Kürbiswürfel in eine genügend grosse feuerfeste Form geben, sodass alle Würfel nebeneinander und nicht aufeinander liegen. Mit dem Olivenöl beträufeln, würzen und den Rosmarinzweig darauflegen. Im Ofen bei 200 Grad 12 Minuten goldbraun rösten.

Für die Vinaigrette Schalotten, Knoblauch, Ingwer und Chili im Sonnenblumenöl braten, bis die Schalotten goldbraun sind. Die Sojasauce, den Balsamicoessig und die Chilisauce darunterrühren.

Die Kürbiswürfel mit der Vinaigrette marinieren.

Für die Garnitur den Balsamicoessig mit dem Honig und der Zimtstange auf ein Drittel einkochen. Das Haselnussöl daruntermixen.

Das Entrecôte aufschneiden und mit der Zimt-Balsamico-Sauce garnieren. Den Kürbissalat dazu anrichten.

Zwetschgenknödel mit Zimtgremolata und Jogiteeschaum

Zwetschgenknödel
125 g Butter
1 EL Zucker
2 Eier
Mark von 1 Vanilleschote
1 Prise Salz
200 g Mehl
500 g Quark, im Passiertuch über Nacht im Kühlschrank abgetropft
500 g Zwetschgen, längs eingeschnitten, entsteint
16–20 Würfelzucker

Jogiteeschaum
200 ml Milch
2 EL brauner Zucker
3 Beutel Jogitee
300 ml Rahm

Gremolata
120 g Butter
100 g japanische Brotbrösel (Panko, aus dem Asienladen) oder Semmelbrösel
80 g brauner Zucker
1 EL Zimtpulver

Für die Knödel die Butter mit dem Zucker schaumig schlagen. Eier, Vanillemark und Salz darunterrühren. Dann das Mehl und zuletzt den abgetropften Quark darunterziehen. Im Kühlschrank ½ Stunde ruhen lassen.

Die Zwetschgen jeweils mit einem Zuckerwürfel füllen und in Teig hüllen; zu Knödeln formen. Die Knödel in kochendem Wasser garen. Sobald sie an der Oberfläche schwimmen, den Topf vom Herd nehmen und die Knödel noch 5 Minuten ziehen lassen.

Für den Teeschaum die Milch mit dem Zucker aufkochen und die Teebeutel dazugeben. Vom Herd nehmen und 7 Minuten ziehen lassen. Abkühlen lassen und mit dem Rahm mischen. In einen Rahmbläser füllen und kühl stellen.

Für die Gremolata die Butter in einer heissen Pfanne schaumig braten. Dann die Brösel, Zucker und Zimt dazugeben und kurz mitrösten. Die Gremolata über die heissen Zwetschgenknödel streuen und zusammen mit dem Teeschaum anrichten.

YOGI TEA

Vanille

Vanille, die »Königin der Gewürze«, stammt von verschiedenen Orchideenarten. Die wichtigsten sind die unter dem Namen Bourbon-Vanille gehandelte Gewürzvanille, die Tahiti-Vanille und die Guadeloupe-Vanille. Heute sind die Hauptanbauländer Mexiko, Puerto Rico, Madagaskar und Tahiti.

Das Aroma sitzt hauptsächlich im Mark der getrockneten, fermentierten Schoten, bei denen es sich eigentlich um Kapselfrüchte handelt. Die Schoten sollten dunkel, prall und weich sein.

Der tropische, sinnliche Duft der Vanille ist wohltuend, ihr Geschmack ist harmonisch-rund, süss, hoch aromatisch und leicht tabakartig. Das Vanillearoma kennen und mögen fast alle. Ich liebe den Duft so sehr, dass ich lange Zeit ein Parfüm mit Vanillenote benutzt habe, sodass man mich immer schon im Voraus am Duft erkannt hat.

In meiner Küche bevorzuge ich die Tahiti-Vanille: Ihre Schoten sind dick gefüllt mit Mark, das sich durch ein umwerfendes blumiges Aroma auszeichnet.

Mit ihrem süssen Aroma eignet sich Vanille natürlich perfekt, um süsse Geschmäcker hervorzuheben und abzurunden. Sie harmoniert aber ebenso gut mit herzhaften Zutaten. Besonders mag ich zum Beispiel die Verbindung von Fisch und Vanille. Auch alle Fleischsorten sowie Gemüse aller Art lassen sich gut mit Vanille kombinieren.

Vanillevinaigrette

3 Vanilleschoten
¼ l feinstes Olivenöl
2 Zitronen, Saft
1½ EL Zucker
1½ TL Salz
Pfeffer aus der Mühle

Die Vanilleschoten längs aufschlitzen und das Mark herauskratzen. Schoten und Mark in einem Topf mit dem Öl mischen und im Ofen bei 80 Grad 1 Stunde ziehen lassen.

Den Zitronensaft durch ein Sieb zum Öl geben. Die Schoten entfernen, die Gewürze dazugeben und gut durchrühren. In einem Glas mit Schraubdeckel im Kühlschrank aufbewahren.

Die Vinaigrette passt sehr gut zu Spargel, gebratenem Fisch oder Geflügel und zu verschiedensten Salaten.

Kabeljau und Muscheln mit Vanille im Pergament gebacken

2 Vanilleschoten
100 ml Olivenöl extra vergine
4 Frühlingszwiebeln, schräg in 2 cm grosse Stücke geschnitten
2 Pfälzer Karotten, in Streifen geschnitten
6 Kabeljaufilets (à 160 g)
1 kg Moules (Miesmuscheln), geputzt und gründlich gewaschen
Salz und Pfeffer aus der Mühle
200 ml Weisswein
Zesten von 1 unbehandelten Zitrone
6 Blatt Pergament- oder Backpapier

Die Vanilleschoten längs aufschlitzen, das Mark herauskratzen und im lauwarmen Olivenöl ziehen lassen.

Die Frühlingszwiebeln und die Karottenstreifen auf den Pergament- oder Backpapierbögen verteilen. Den Fisch und die Muscheln darauflegen und würzen. Mit dem Weisswein und dem Vanilleöl begiessen, die Zitronenzesten darüberstreuen und das Papier jeweils zu einem Paket verschliessen; eventuell mit Heftklammern oder Bostitch fixieren.

Die Pakete im Ofen bei 250 Grad 10–13 Minuten backen.

Dazu passt das Verveine-Kartoffelpüree von Seite 122.

Tomaten-Vanille-Cassata mit Kalbsfiletcarpaccio und Pecorino-Zitronen-Dressing

Filetcarpaccio

450 g Kalbsfilet
4 EL Olivenöl
Meersalz und Pfeffer aus der Mühle

Tomaten-Vanille-Cassata

1½ kg reife Strauchtomaten, gehäutet, halbiert, entkernt
2 Knoblauchzehen, in sehr feine Scheiben geschnitten
5 EL Olivenöl

300 ml Tomatensaft
2 Vanilleschoten (Tahiti-Vanille), ausgekratztes Mark
½ TL Meersalz
Pfeffer aus der Mühle
½ TL brauner Zucker
10 Blatt Gelatine, kurz in kaltem Wasser eingeweicht

Vinaigrette

1 EL Dijonsenf
1 Eigelb
1 TL Zitronensaft
¼ unbehandelte Zitrone, fein abgeriebene Schale
1 EL weisser Balsamicoessig
5 EL Olivenöl extra vergine
2 EL frisch geriebener Pecorino

Das Kalbsfilet quer zur Faser in hauchdünne Scheiben schneiden (das Filet kann auch in Würfel geschnitten und diese zwischen Alufolie flachgeklopft werden). Das Fleisch nebeneinander auf den Tellern anrichten. Mit dem Olivenöl beträufeln und mit Salz und etwas frisch gemahlenem schwarzem Pfeffer würzen.

Die Tomatenhälften mit der Öffnung nach unten auf ein Blech legen und würzen. Mit je einer Knoblauchscheibe belegen und mit dem Olivenöl beträufeln. Mit Alufolie abdecken und im Ofen bei 130 Grad rund 4 Stunden konfieren.

Eine Terrinenform mit Frischhaltefolie auslegen.

Den Tomatensaft mit dem ausgekratzten Vanillemark, Salz, Pfeffer und Zucker etwa 10 Minuten köcheln lassen. Die Gelatine ausdrücken und im warmen Vanille-Tomatensaft auflösen. Diesen lagenweise mit den konfierten Tomaten in die Terrinenform schichten und im Kühlschrank 3–4 Stunden fest werden lassen.

Für die Vinaigrette den Senf mit Eigelb, Zitronensaft, Zitronenschale und Essig verrühren. Dann das Olivenöl mit einem Schneebesen darunterschlagen. Den geriebenen Pecorino dazugeben und mit Salz und Pfeffer abschmecken.

Auf dem Carpaccio jeweils ein Stück Cassata anrichten und die Vinaigrette in einer feinen Linie über das Fleisch geben. Nach Belieben mit etwas fein gehobeltem Pecorino garnieren.

Vanillegeschmorte Lammhaxe mit Pastinaken-Apfel-Püree und Knusperschalotten

Lammhaxe

3 EL Olivenöl
4 Lammhaxen à ca. 200 g
1 Zwiebel, gewürfelt
2 Karotten, gewürfelt
½ Sellerieknolle, geschält, gewürfelt
2 Knoblauchzehen, zerdrückt
2 EL Tomatenmark
200 ml Rotwein
2 l Lamm- oder Kalbsfond
2 Vanilleschoten
2 Zweige Thymian
Salz und Pfeffer aus der Mühle

Pastinakenpüree

250 g Pastinaken, geschält, grob gewürfelt (holzige Mitte entfernt)
250 g mehlige Kartoffeln, geschält, grob gewürfelt
50 g Butter
250 g Äpfel (Cox Orange), geschält, entkernt und fein gewürfelt
6 EL Apfelsaft
80 ml Rahm
Salz
1 Prise Cayennepfeffer

Knusperschalotten

2 Schalotten, in sehr feine Ringe geschnitten
1 EL Kichererbsenmehl
1 Prise Kurkuma
1 Prise Cayennepfeffer
Sonnenblumenöl zum Frittieren

Für die Lammhaxen das Öl in einem Bräter erhitzen. Die Lammhaxen mit Salz und Pfeffer würzen und im heissen Öl rundherum scharf anbraten. Herausnehmen und das Öl abgiessen.

Zwiebel, Karotten, Sellerie und Knoblauch im Bräter rösten, dann das Tomatenmark dazugeben, mit dem Rotwein ablöschen und auf einen Drittel einkochen. Den Fond zusammen mit den ausgekratzten Vanilleschoten und dem Thymian dazugeben und nochmals 10 Minuten reduzieren. Die Sauce mit Salz und Pfeffer abschmecken. Die Lammhaxen in die kochende Sauce legen und zugedeckt im Ofen bei 190 Grad 55 Minuten schmoren lassen. Den Ofen ausschalten und die Lammhaxen darin weitere 30 Minuten ziehen lassen. Die Sauce durch ein Sieb passieren.

Für das Püree die Pastinaken mit den Kartoffeln in Salzwasser weich kochen, abschütten und im Topf ausdampfen lassen.

Die Butter in einer Pfanne erhitzen, die Apfelwürfel darin kurz andünsten. Mit dem Apfelsaft ablöschen und zugedeckt etwa 5 Minuten weich dünsten.

Die Pastinaken und Kartoffeln durch eine Kartoffelpresse drücken. Mit dem Rahm und den Äpfeln zu einem glatten Püree rühren. Mit Salz und Cayennepfeffer abschmecken.

Für die Schalotten das Kichererbsenmehl mit den Gewürzen mischen und die Schalottenringe darin wälzen. Im 180 Grad heissen Öl goldbraun frittieren. Auf Küchenpapier abtropfen lassen und über die auf dem Püree angerichtete Lammhaxe streuen, mit der Sauce umgiessen.

Vanille-Joghurt-Bavaroise mit Thaimango und Himbeeren in Aromasirup

Bavaroise

75 ml Rahm
1 Vanilleschote, ausgekratztes Mark
75 g Zucker
2 Blatt Gelatine, kurz in kaltem Wasser eingeweicht
300 g Joghurt nature, vorzugsweise Schafmilchjoghurt
175 ml Rahm, leicht geschlagen

Sirup

6 EL Zucker
1 Vanilleschote, aufgeschnitten und ausgekratzt
1 EL Pfefferminzblätter
1 Nelke
¼ TL Fünf-Gewürze-Pulver
Zesten von 1 unbehandelten Limette
Zeste von ¼ unbehandelten Zitrone
½ TL frischer Ingwer, sehr fein gehackt
2 Korianderkörner
450 ml Wasser

1 Thaimango
1 Schale (250 g) Himbeeren

Für die Bavaroise den Rahm mit dem Vanillemark und dem Zucker aufkochen. Vom Herd nehmen, die ausgedrückte Gelatine darin auflösen und erkalten lassen. Sobald der Rahm zu gelieren beginnt, den Joghurt und den leicht geschlagenen Rahm darunterheben. Die Masse in kleine Gläser füllen und im Kühlschrank mindestens 4 Stunden durchkühlen lassen.

Alle Zutaten für den Sirup aufkochen und rühren, bis sich der Zucker aufgelöst hat. Vom Herd nehmen und mindestens 30 Minuten abkühlen lassen. Dann durch ein feines Sieb passieren.

Die Mango schälen und in kleine Würfel schneiden. Die Himbeeren waschen und mit den Mangowürfeln in kleine Gläser füllen. Mit dem Sirup marinieren und zusammen mit der Bavaroise im Glas servieren.

Honig

So unterschiedlich die Honigsorten, so weit gefächert ist auch ihre kulinarische Verwendung. Diese Vielfalt ist ein Grund dafür, dass ich Honig für dieses Buch ausgewählt habe. Hinzu kommt natürlich, dass ich den Geschmack von Honig sehr mag. Er erinnert mich an meine Kindheit, als meine Grossmutter für die verschiedensten Wehwehchen immer heisse Milch mit Honig machte. Nicht zuletzt ist mir immer auch der gesundheitliche Aspekt sehr wichtig: Honig ist ein Naturprodukt und steckt voller Mineralstoffe.

Meine Lieblingssorten sind Lavendel- und Thymianhonig, aber auch Akazienhonig spielt in meiner Küche eine grosse Rolle.

Neben süssen Zubereitungen entfaltet Honig auch in vielen herzhaften Gerichten seine besonderen Geschmacksqualitäten. Da ich karamellisierte Zutaten sehr mag, kommt dafür häufig Honig zum Einsatz.

Dörrfeigen-Honig-Chutney

600 g getrocknete Feigen, geviertelt
¼ l Apfelessig
4 unbehandelte Zitronen, Zesten und Saft
100 ml Apfelsaft
300 g Honig
180 g Zucker
1 Zimtstange
2 Lorbeerblätter
1 TL Paprikapulver
2 TL Meersalz

Die Feigen über Nacht im Apfelessig einweichen.

Am nächsten Tag die Feigen abgiessen und den Essig zusammen mit allen übrigen Zutaten (ausser den Feigen) aufkochen. 5 Minuten kochen lassen, dann die Feigen dazugeben. Bei mittlerer Hitze 30 Minuten köcheln lassen. In vorgewärmte Einmachgläser füllen und im Kühlschrank aufbewahren.

Das Chutney passt gut zu Käse, Geflügel und Wild.

Gebeiztes Rehnüsschen in Honig-Gewürz-Kruste mit Cranberry-Rotkrautsalat und Pflaumendressing

1 Rehnüsschen von ca. 600 g

Marinade
300 ml Rotwein
200 ml Portwein
1 EL (20 g) Honig
2 Zimtstangen
3 Lorbeerblätter
6 Wacholderbeeren
10 schwarze Pfefferkörner
1 Zwiebel, gewürfelt
1 Karotte, gewürfelt
4 Knoblauchzehen, halbiert

Dressing
4 EL Pflaumensauce
2 EL helle Sojasauce
2 EL Sherry
6 EL Sonnenblumenöl
2 TL Sesamöl
2 EL Reisessig
1 TL Chiliöl

Rotkrautsalat
1 kleiner Kopf Rotkraut, sehr fein gehobelt
2 EL getrocknete Cranberries

Gewürzkruste
2 EL (40 g) Honig
1 TL Anis, fein gemörsert
1 TL Piment, fein gemörsert
1 EL Pappadums, ausgebacken und fein gemahlen

Alle Zutaten für die Marinade vermischen und das Rehnüsschen mit der Marinade bedeckt 5 Tage im Kühlschrank beizen.

Alle Zutaten für das Dressing miteinander verrühren. Die Hälfte davon über das Blaukraut und die Cranberries geben, gut durchmischen und eventuell nochmals abschmecken.

Das Fleisch aus der Beize nehmen und trockentupfen. Den Honig erwärmen und das Fleisch damit rundherum bepinseln. Die Gewürze mit den gemahlenen Pappadums mischen und das Fleisch darin wenden. So dünn wie möglich aufschneiden und mit dem Blaukraut und dem Pflaumendressing anrichten.

Karamellisierte Steinpilze in Brikteig verpackt mit Rucola-Granatapfel-Salat und Honigvinaigrette

Karamellisierte Steinpilze

400 g frische Steinpilze, geputzt und in Scheiben geschnitten
2 Schalotten, fein gewürfelt
2 EL Olivenöl
1 EL abgezupfte Thymianblättchen
1 EL Zitronensaft
1 EL Akazienhonig
Salz, Pfeffer aus der Mühle, Zimtpulver
4 Brikteigblätter (ersatzweise Strudelteigblätter)
1 EL weiche Butter

Vinaigrette

80 g Akazienhonig
40 ml Sherryessig
½ TL Kubebenpfeffer, gemörsert (ersatzweise schwarzer Pfeffer)
1 Prise gemahlener Koriander
½ TL Salz
150 ml Traubenkernöl

4 Bund Rucolasalat, gewaschen
1 Granatapfel, Kerne ausgelöst

Die Steinpilze mit den Schalotten im heissen Öl anbraten. Thymian, Zitronensaft und Honig dazugeben und karamellisieren. Mit Salz, Pfeffer und einer Prise Zimt abschmecken.

Die Brikteigblätter mit der Butter bestreichen und die Pilze jeweils in die Mitte geben. Den Teig mit Küchenschnur zu einem Säckchen binden.
Im vorgeheizten Ofen bei 180 Grad etwa 7 Minuten goldbraun backen.

Für die Vinagrette den Honig erwärmen und den Essig mit den Gewürzen dazugeben. Das Traubenkernöl mit dem Schneebesen darunterrühren. Den Rucola mit den Granatapfelkernen mischen und mit der Vinaigrette beträufeln. Die Pilzbeutel darauf anrichten.

Konfierter Saibling mit Honigtomaten und Fenchelsauerkraut

Honigtomaten

4 schöne reife Tomaten mit Stielansatz, gehäutet
2 EL Wildblütenhonig
Salz und Pfeffer aus der Mühle
2 EL Olivenöl

Fenchelsauerkraut

4 Fenchelknollen, geputzt, Strunk herausgeschnitten
2 EL Olivenöl
1 Zwiebel
1 Knoblauchzehe
Koriander und Kreuzkümmel, frisch gemahlen
1 Lorbeerblatt
2 Wacholderbeeren
8 EL Zitronensaft
300 ml Gemüsefond

Konfierter Saibling

3 Saiblinge, filetiert und gehäutet
200 ml Olivenöl
6 Zweige Zitronenthymian
2 reife Tomaten, geschält, entkernt und gewürfelt
1 Zitrone, Saft
2 Schalotten, fein gewürfelt
3 EL Schnittlauch, fein geschnitten
Salz, Pfeffer aus der Mühle, Zucker
Fleur de Sel

Von den Tomaten einen Deckel abschneiden, mit einem Pariserlöffel aushöhlen und umgekehrt auf ein Backblech setzen. Mit dem Honig rundherum bestreichen, mit Salz und Pfeffer würzen und mit dem Olivenöl beträufeln. Im Ofen bei 100 Grad etwa 3 Stunden konfieren.

Den Fenchel, am dicken Ende beginnend, fein hobeln. Das Olivenöl in einem weiten Topf erhitzen, den Fenchel mit Zwiebel, Knoblauch und den Gewürzen dazugeben und kurz andünsten. Mit dem Zitronensaft und dem Gemüsefond ablöschen und rund 20 Minuten weich köcheln. Abschmecken.

Die Saiblingfilets halbieren und in eine ofenfeste Form legen, mit dem Olivenöl übergiessen, den Thymian darauflegen und im auf 80 Grad vorgewärmten Ofen 10 Minuten garen, bis sie glasig sind. Herausnehmen. Das zurückgebliebene Öl mit Tomatenwürfeln, Zitronensaft, Schalotten und Schnittlauch verrühren und mit Salz, Pfeffer und Zucker abschmecken. Den Fisch mit Fleur de Sel würzen.

Die konfierten Tomaten mit dem Fenchelsauerkraut füllen und auf dem Saibling anrichten. Mit der Tomaten-Olivenöl-Sauce umgiessen.

Blaubeerquark-Frühlingsrollen mit Honig-Szechuanpfeffer-Dip

Frühlingsrollen
200 g Halbfettquark
1 EL Akazienhonig
1 Eigelb
3 EL frische Weissbrotbrösel (Mie de Pain)
100 g Blaubeeren
1 Prise Zimt
8 Frühlingsrollen-Teigblätter
1 Eiweiss
Öl zum Frittieren
Puderzucker zum Bestäuben

Dip
80 g Akazienhonig
1 EL Szechuanpfeffer, zerstossen
1 Orange, Saft
1 unbehandelte Limette, abgeriebene Schale und Saft

Den Quark in ein mit Küchenpapier ausgelegtes Sieb geben, mit Folie abdecken und über Nacht im Kühlschrank abtropfen lassen.

Am nächsten Tag den Quark mit dem Akazienhonig, dem Eigelb, den Bröseln, den Blaubeeren und dem Zimt vermischen.

Die Frühlingsrollenblätter jeweils mit einer Ecke nach unten zeigend auf der Arbeitsfläche auslegen. Die Ränder der Teigblätter mit dem verquirlen Eisweiss bestreichen. Knapp unterhalb der Mitte jeweils etwas Füllung in einem länglichen Strang auf das Teigblatt geben und dieses von unten her bis zur Mitte einrollen. Dann die Seiten einschlagen und ganz aufrollen. Die Rollen müssen gut verschlossen sein. Im 180 Grad heissen Öl goldbraun frittieren, auf Küchenpapier abtropfen lassen und mit Puderzucker bestreuen.

Für den Dip den Honig erwärmen und mit den restlichen Zutaten mischen. In kleine Gläser oder Schälchen füllen und zu den Frühlingsrollen servieren.

Rezeptverzeichnis

Einige der Gerichte eignen sich je nach Lust und Menüzusammenstellung sowohl als Vorspeise wie auch als leichter Hauptgang.

Grundzubereitungen für den Vorrat

Basilikumöl *8*
Chilisauce, süsse *34*
Cinnamon Spice Mix *166*
Dörrfeigen-Honig-Chutney *192*
Eingelegter junger Ingwer *74*
Eingemachte Limetten *86*
Grüne Currypaste *100*
Indisches Gewürzöl *128*
Lavendelmarmelade *48*
Marokkanischer Minzsirup *22*
Rosensalz *60*
Safran-Sherry-Glace *154*
Vanillevinaigrette *180*
Wasabipesto *140*
Zitronengrasmarinade *114*

Vorspeisen und vegetarische Gerichte

Auberginen-Scamorza-Samosas mit Rosen-Chili-Dip *68*
Basilikum-Gorgonzola-Knödel mit Datteltomatenkompott und Olivenmarmelade *10*
Entenbrust, lavendelgeräuchert, mit Randen-Glasnudel-Salat und Cassiscoulis *54*
Erbsen-Minz-Guacamole mit gebackenem Thunfischtatar und Karottenmarmelade *30*
Fenchel-Pulpo-Salat mit Orangen und Kreuzkümmel-Teriyaki-Vinaigrette *130*
Frühlingsrollen mit zuckergepökeltem Rindfleisch, Minze und Gurken-Erdnuss-Dip *27*
Gewürzthunfisch mit Randen-Carpaccio und gegrilltem Kreuzkümmel-Fladenbrot *134*
Hirschentrecôte, Soja-Zimt-glasiert, mit geröstetem Kürbissalat und Schalotten-Ingwer-Vinaigrette *174*
Jakobsmuschel-Tataki mit Spargel-Minz-Salat und Kokos-Chutney *24*
Steinpilze, karamellisiert, in Brikteig verpackt, mit Rucola-Granatapfel-Salat und Honigvinaigrette *199*
Knusperlasagne mit Kreuzkümmeltomaten, Ziegenkäse und Tomatenhonig *136*
Lachsforelle, anisgebeizt, mit Limettenblinis und Mango-Limetten-Dressing *88*
Lachs-Sashimi-Salat mit Tamarinden-Vinaigrette *110*
Rehnüsschen, gebeizt, in Honig-Gewürz-Kruste mit Cranberry-Rotkrautsalat und Pflaumendressing *194*
Safran-Feta-Börek mit Petersiliensalat und Orangenöl *156*
Safran-Tintenfischsalat mit Papaya, Cherrytomaten und Chili-Zwiebel-Marmelade *159*
Seeteufel-Ceviche mit Limetten, Limettenblättern und Tomaten *93*
Sushi im Glas mit Wasabimousse, Thunfisch, Gurke und Sojagelee *142*

Tomaten-Mascarpone-Pizzette mit Ziegenkäse-Koriander-Pesto *102*
Tomaten-Vanille-Cassata mit Kalbsfiletcarpaccio und Pecorino-Zitronen-Dressing *185*
Ziegenkäse-Lavendel-Tempura mit konfierten Melonen *50*

Suppen

Avocado-Minz-Suppe, kalt, mit Avocado- und Pulpo-Tempura *28*
Basilikum-Kokossuppe mit Maispoularden-Wantans und Kokosrelish *16*
Melonensuppe mit Tomaten-Chili-Marmelade und knuspriger Thunfischrolle *42*
Zitronengrassuppe mit Bärenkrebs-Maultaschen und Riesencrevetten *119*
Gelbe Linsensuppe mit Kreuzkümmeljoghurt und Perlhuhnklösschen *133*
Erbsen-Wasabi-Suppe mit Karottenschaum und Tintenfisch-Reis-Bällchen *147*
Zimt-Muschelsuppe mit knusprigem Kroepoek-Muschelspiess *168*

Fisch und Meeresfrüchte

Gewürzthunfisch mit Randen-Carpaccio und gegrilltem Kreuzkümmel-Fladenbrot *134*
Jakobsmuscheln am Zitronengrasspiess mit Verveine-Kartoffelpüree und Salsa verde *122*
Jakobsmuschel-Tataki mit Spargel-Minz-Salat und Kokos-Chutney *24*
Kabeljau und Muscheln mit Vanille im Pergament gebacken *182*
Lachs mit Ingwer-Senf-Glasur und Chili-Gurken-Salat *80*
Loup de mer in Lavendel-Salzkruste mit weissem Bohnenpüree *53*
Moules im Kürbis-Apfel-Sud mit Ingwer-Gremolata *76*
Riesencrevetten, mit Thaibasilikum im Einmachglas pochiert, mit Zitrus-Labne *13*
Rotbarbe mit Rosencouscous und Salsa rosa *67*
Saibling, konfiert, mit Honigtomaten und Fenchelsauerkraut *200*
Seeteufel mit Koriander-Senfkorn-Kruste und Sesambohnen *107*
Seeteufel-Ceviche mit Limetten, Limettenblättern und Tomaten *93*
Spaghetti Vongole mit Chili und eingemachten Zitronen *36*
Tintenfischsalat, Safran-, mit Papaya, Cherry-tomaten und Chili-Zwiebel-Marmelade *159*
Wasabirisotto mit Zanderpiccata und grünem Tomatenchutney *148*

Fleisch

Eintopf mit grünem Curry, Rindsfilet und Thaigemüse *108*
Entenbrust, lavendelgeräuchert, mit Randen-Glasnudel-Salat und Cassiscoulis *54*
Enten-Dim-Sum im Bambuskörbchen mit Ingwer-Pfirsich-Sambal *79*

Hirschentrecôte, Soja-Zimt-glasiert, mit geröstetem Kürbissalat und Schalotten-Ingwer-Vinaigrette *174*
Kalbshaxenscheiben, orangengeschmort, mit Chermoula und Safran-Basmatireis *160*
Kaninchenfilets, norigebratene, mit Wasabi-Krautsalat und Wasabi-Aïoli *150*
Lammhaxe, vanillegeschmort, mit Pastinaken-Apfel-Püree und Knusperschalotten *186*
Lammtagine mit Zimt, Dörraprikosen, Cashews und Couscousfrittern *173*
Milchlammkarree mit Kartoffelburger und Tomaten-Rosen-Coulis *62*
Poularde, limettengeröstet, mit gebackenen und marinierten Süsskartoffeln *94*
Rindsfilet-Tataki mit Sesamsalsa und Chili-Kartoffelpüree *41*
Tafelspitz mit Zitronengrasvinaigrette und Gemüsepickles *116*

Desserts

Aprikosen-Ingwer-Sorbet mit Schokoladen-Crème-brûlée *82*
Blaubeerquark-Frühlingsrollen mit Honig-Szechuanpfeffer-Dip *202*
Blutorangen-Safran-Sorbet mit Grandcru-Soufflé-glacé und Schokoladentuile *162*
Chili-Schokoladen-Kuchen mit Gewürz-Kürbiseis *44*
Erdbeer-Basilikum-Parfait mit Pistazienpesto *18*
Erdbeer-Rosen-Sorbet, -Lassi und -Marshmallows *70*
Knusperlasagne mit Kreuzkümmeltomaten, Ziegenkäse und Tomatenhonig *136*
Lavendel-Pfirsich-Crumble mit Kokos-Sauerrahm-Sorbet *56*
Limetten-Cheesecakes mit Rosmarin *96*
Vanille-Joghurt-Bavaroise mit Thaimango und Himbeeren in Aromasirup *188*
Zitronengras-Pannacotta mit Passionsfruchtsalsa *124*
Zwetschgenknödel mit Zimtgremolata und Jogiteeschaum *176*